A SON EXCELLENCE MONSEIGNEUR
LOUIS DURRIEU
SUPERIEUR GENERAL DES PERES BLANCS

EN HOMMAGE
DE GRATITUDE ET DE FILIAL RESPECT

THE CATHOLIC UNIVERSITY OF AMERICA
CANON LAW STUDIES
N° 252

Relations Canoniques entre le Missionnaire et ses Supérieurs

ABREGE HISTORIQUE
ET
COMMENTAIRE CANONIQUE

PAR LE

P. GERMAIN LAFONTAINE, B.A., J.C.L.,

des Pères Blancs.

DISSERTATION

Soumise à la Faculté de Droit Canonique de L'Université Catholique d'Amérique en satisfaction partielle aux conditions requises pour l'obtention du doctorat en DROIT CANONIQUE.

LE MESSAGER SAINT-MICHEL, SHERBROOKE, QUE.

1947

IMPRIMI POTEST:

Joseph Larochelle,

superior provincialis

Ottawa, die 18 maii 1948

NIHIL OBSTAT :

Irenaeus Pinard, sacer.

censor

Sherbrooke, die 5a januarii 1948

IMPRIMATUR :

† Philippe Desranleau,

episcopus Sherbrookensis,

die 7a januarii 1948

TABLE DES MATIERES

PREMIERE PARTIE

ABREGE HISTORIQUE

CHAPITRE I

CHAPITRE II

DEUXIEME PARTIE

COMMENTAIRE CANONIQUE

CHAPITRE III

CHAPITRE IV

CHAPITRE V

AVANT-PROPOS

Jusqu'au dix-septième siècle les missionnaires, religieux pour la plupart, jouirent d'une grande liberté dans l'exercice de l'apostolat. Voici ce qu'écrivait saint Augustin à saint Janvier: « Quod enim neque contra fidem, neque contra mores esse convincitur, indifferenter est habendum » . [1]

Les Souverains Pontifes leur accordèrent de nombreuses facultés et d'innombrables privilèges. Adrien VI (1522-1523) entre autres, concédait aux missionnaires des Indes Orientales et Occidentales « omnimodam suam auctoritatem in utroque foro, tantam, quantam judicaverint opportunam et expedientem pro conversione Indorum ac manutentione et profectu illorum, etiam quoad actus episcopales qui non requirunt episcopalem ordinem, donec per Sedem Apostolicam aliter fuerit ordinatum » .[2]

Avant la formation de la Propagande (1622), les Supérieurs religieux jouissaient de pouvoirs très étendus sur leurs sujets missionnaires. La Sacrée Congrégation, dans son effort de coordination et de centralisation, se heurta nécessairement contre leur autorité. En plus, la création des Vicaires apostoliques et des Préfets apostoliques devait restreindre les pouvoirs que ces Supérieurs religieux exerçaient sur leurs sujets missionnaires.

Il fallait s'attendre à des conflits entre les chefs ecclésiastiques et les Supérieurs religieux. Le but de la première partie de cette étude est de tracer brièvement l'historique de ces vicissitudes qui, avec la succession des ans, ont amené la

1. C. 11, D. XII.
2. Bulle du 10 mai 1522—De Martinis, *Ius Pontificium de Propaganda Fide* (Pars Prima, 7 vols., 1888-1897 Pars Secunda 1 vol. 1909, Romae: Typographia Polyglotta), Pars 11, 37 (à l'avenir cette collection sera citée ainsi: *Ius Pontificium de P. F.*)

législation qui régit actuellement le gouvernement des missions.

Dans la seconde partie de cette dissertation seront étudiées les relations canoniques entre le missionnaire et ses différents Supérieurs, Chef ecclésiastique et Supérieurs religieux. Aujourd'hui, le missionnaire religieux relève du Chef ecclésiastique pour ce qui a rapport à la vie apostolique; pour ce qui concerne la vie religieuse, la pratique des Constitutions ou des Règles, il est sous la dépendance de ses Supérieurs religieux. Les deux autorités s'exercent sur le même sujet, mais à des points de vue différents. Il est donc important d'étudier les pouvoirs respectifs de ces deux Supérieurs sur leur sujet commun, le missionnaire. Le but recherché ici est de préciser les dispositions prévues par la législation canonique afin de prévenir les conflits qui pourraient surgir entre les deux autorités chargées de diriger l'activité d'un même missionnaire.

L'auteur veut profiter de cette occasion pour adresser ces hommages de gratitude aux professeurs de la Faculté de Droit Canonique de l'Université Catholique d'Amérique, et pour remercier ses Supérieurs de lui avoir donné l'avantage de poursuivre ses études ecclésiastiques.

Relations Canoniques entre le Missionnaire et ses Supérieurs

Avant de donner l'historique des relations entre le missionnaire et ses différents Supérieurs, il importe de parler brièvement de la formation de la Sacrée Congrégation de la Propagande.

CHAPITRE I

LA PROPAGANDE

ARTICLE I: ORIGINE DE LA PROPAGANDE

A. Première ébauche: Commission cardinalice de Pie V (1568)

Poussé par François Borgia, Général des Jésuites, et d'accord avec l'ambassadeur portugais à Rome, Pie V fonda une commission de quatre Cardinaux (Mula, Sirleto, Carafa, Criveli), dont le but était de promouvoir les intérêts des missions en Extrême-Orient et aux Indes-Occidentales. On peut voir, dans cette commission, la première ébauche de la Sacrée Congrégation de la Propagande. Ainsi Rome réussit à faire sentir son influence en ces pays; elle put y établir ses principes et ses méthodes. Ce grand effort n'eut pas les résultats qu'on aurait pu en attendre.[1]

---

1. Vromant, *Ius Missionariorum*, II, *De Personis* (2. ed., Lovanii: Museum Lessianum, 1935), p. 6 Gérin, *Le Gouvernement des Missions*. Les Thèses canoniques de Laval, n. 1 (Québec, 1944), 30; Schmidlin Braun, *Catholic Mission History* (Techny: Mission Press, S. V. D. 1933), p. 257.

B. Deuxième ébauche:

Congrégation de trois Cardinaux établie par Grégoire XIII.

Grégoire XIII, à son tour, fit une autre tentative pour organiser une congrégation qui veillerait à une matière si importante qu'est la propagation de la foi. Cette commission, établie en 1580, comptait trois Cardinaux, Carafa, Medici et Santorio. Leur but primordial était d'unir à Rome les dissidents orientaux (les Slaves, les Grecs, les Syriens, les Egyptiens et les Abyssiniens). Leur effort furent couronnés de succès chez les Ruthéniens, les Arméniens et les Syriens.[2]

Après Grégoire XIII, quatre papes régnèrent en l'espace de sept ans: Sixte V, Grégoire XIV, Innocent IX et Clément VIII. Il va sans dire que cette rapide succession entrava le travail de la commission. Clément VIII (1592-1605) lui redonna une vigoureuse impulsion. Santorio en gardait encore la présidence; elle se réunissait toutes les semaines; tous les quinze jours, elle présentait au Saint-Père un rapport de ses décisions et recommandations. Mais peu après la mort de Clément VIII, elle ne tarda pas à disparaître: on avait trop compté sur l'énergie de ses membres.[3]

ARTICLE II: FORMATION DE LA PROPAGANDE

A. La Constitution « Inscrutabili »

L'échec des tentatives précédentes avait montré au Saint-Siège la nécessité d'un organisme permanent et solide. En 1613, le Carme Thomas de Jésus (1564-1627) dans son livre « De procuranda salute omnium gentium ... », consacre le premier chapitre à la nécessité d'ériger la Congrégation de la Propagande. Grégoire XV se chargea de la mettre au jour. Le six janvier 1622, il forma une congrégation de treize Cardinaux et de deux prélats. Ils se mirent immédiatement à

---

2. Vromant, *Ius Missionariorum*, II, *De Personis*, p. 6; *Catholic Encyclopedia*, XII, art. "Propagande".
3. *Catholic Encyclopedia*, XII, art. "Propagande".

l'oeuvre. Le 22 juin 1622, par la bulle « Inscrutabili divinæ providentiæ », la Congrégation de la Propagande était définitivement établie. En plus des treize Cardinaux et des deux prélats, elle comptait maintenant un secrétaire et un consulteur. Son but était d'exercer un contrôle sur les missions et de promouvoir les oeuvres d'apostolat en pays infidèles.[4]

B. Effort de centralisation

Grégoire XV voulait ainsi centraliser l'effort missionnaire. La Congrégation jouissait du pouvoir législatif, judiciaire, coercitif. Elle veillait, en plus, à l'administration. Son champ d'action est l'ensemble et le détail des affaires qui se rapportent à la propagation de la foi dans l'univers entier. Quant aux questions plus graves, elle devra les porter devant le Souverain Pontife; c'est la seule restriction imposée. Elle peut tout ce que les autres Congrégations Romaines peuvent chacun dans son domaine. Elle réfère les questions de for interne à la Sacrée Pénitencerie; et elle reste toujours libre de recourir aux autres Congrégations quand bon lui semble.[5]

C. Le pouvoir du Supérieur religieux est diminué

Auparavant, le Supérieur d'Ordre religieux pouvait nommer, déplacer, renvoyer les missionnaires à sa guise; maintenant, tout ceci est du ressort de la Propagande. A l'avenir, le Supérieur religieux devra envoyer à la Propagrande les noms des sujets qu'il destine aux missions. Si la Congrégation, après examen, les juge aptes, elle donnera son approbation en leur accordant les « lettres patentes » signées par le Cardinal préfet, contresignées par le Secrétaire, frap-

4. Vromant, *Ius Missionariorum*, II, *De Personis*, p. 7.
5. Gregorius XV, const. "*Inscrutabili*", 22 iunii 1622—*Collectanea Sacrae Congregationis de Propaganda Fide* (2 vols., Romae: Ex Typographia Polyglotta, 1907), n. 3. (à l'avenir cette collection sera citée ainsi *Coll. S. C. P. F.*)

pées du sceau de la Propagande.[6] Aux missionnaires qui seront munis de ces « lettres patentes », personne ne pourra refuser l'exercice du saint ministère. On le voit, c'était restreindre de beaucoup le pouvoir des Supérieurs religieux Aussi fallait-il s'attendre à des controverses. C'est ce dont nous aurons l'occasion de parler dans les chapitres suivants.

---

6. S. C. P. F., décret du 24 juin 1623—*Coll. S. C. P. F.*, n. 6; Gérin, *Le Gouvernement des Missions*, p. 38.

CHAPITRE II

DEVELOPPEMENT DES RELATIONS CANONIQUES ENTRE LE CHEF ECCLESIASTIQUE ET LES SUPERIEURS RELIGIEUX

ARTICLE I: EN HOLLANDE

A. Historique des dissensions entre les différents Supérieurs

La Hollande depuis le stathoudérat de Guillaume d'Orange (1579-1584), était en majeure partie calviniste. Le 2 décembre 1581, Guillaume d'Orange y proscrivit, par un édit, le culte public catholique. Celui qui envoyait son enfant hors du pays étudier dans une école étrangère catholique encourait des peines sévères. Oppression continuelle, violation de la paix religieuse, voilà en résumé ce que les catholiques devaient endurer. La hiérarchie ecclésiastique disparut malheureusement dans la tempête.[1]

C'est alors que le Saint-Siège nomme Sasbout Vosmeer (1583) Vicaire apostolique de la Hollande, de la Zélande et d'une partie de l'Allemagne. Il demeura à Cologne pour administrer son territoire. En 1614, il mourut. Philippe Rovenius lui succéda. Les Ordres religieux prêtèrent un précieux concours au Vicaire apostolique. Mais, malgré tout leur zèle, les religieux étaient tout de même des hommes, et non des anges, et en plus du chef ecclésiastique ils avaient à leurs tête, des Supérieurs religieux.[2]

Parfois, s'élevaient des conflits d'autorités entre les pouvoirs de ces différents Supérieurs. Pour les prévenir, le Saint-Siège porta des décrets qui tous tendaient à renforcer les pouvoirs du Vicaire apostolique.

---

1. *Catholic Encyclopedia,* XII, art. "Holland".
2. *Catholic Encyclopedia,* XII, art. "Holland".

Le 11 octobre 1614, Paul V publie le bref « *Cupientes* » qui donne au Vicaire apostolique de Belgique, sur tous les religieux résidant dans les provinces à lui confiées, pleine et entière juridiction pour tout ce qui a rapport à l'administration des sacrements, à la doctrine catholique et à la discipline ecclésiastique. Le Vicaire apostolique aura droit de visiter, de corriger ces religieux et de leur infliger des censures ou d'autres peines ecclésiastiques, s'il y a lieu. En plus si ces religieux n'ont pas de Supérieur immédiat dans ce territoire, ils seront soumis à l'autorité complète du Vicaire apostolique comme ils le seraient à leur supérieur religieux.[3]

La bulle « *Inscrutabili* » qui établissait la Propagande nous déclarait que le champ d'action de cette Sacrée Congrégation ne s'étendait pas seulement aux territoires de missions proprement dits mais aussi aux pays malheureusement gagnés ou à l'hérésie ou au schisme. La Hollande relevait de sa juridiction; elle s'efforça d'y restaurer la hiérarchie, oeuvre d'autant plus nécessaire que de nombreux religieux y travaillaient; des conflits commençaient à naître entre les Chefs ecclésiastiques et les Supérieurs religieux.

Le 1ER mai 1623, la Propagande, pour résoudre des doutes proposés par le Vicaire apostolique de Hollande, porta un décret précisant le pouvoir juridictionel du Chef ecclésiastique sur le Supérieur régulier. Voici ce qui y est stipulé entre autres:[4]

1. Les réguliers, qui voudront travailler comme pasteurs d'âmes dans ces territoires, seront soumis au Vicaire apostolique pour l'administration des sacrements pastoraux, i.e., le baptême, le mariage et l'extrême-onction.

2. Le Vicaire apostolique laissera les réguliers dans ces territoires; ces derniers pourront administrer les sacrements

---

3. *Appendix ad Bullarium Pontificium Sacrae Congregationis De Propaganda Fide* (2 vols., Romae: Typis Collegii Urbani, s.d.), 1, 119. (à l'avenir cette collection sera citée ainsi: *Appendix ad Bullarium.*
4. *Analecta Iuris Pontificii* (Romae, 1855-1869; Parisiis, 1872-1891), 28e Série (1888-1889), col. 128-132.

pastoraux avec la seule permission du Vicaire apostolique, et non seulement dans le cas de nécessité, ni dépendamment des séculiers, mais « æqualiter ».

3. S'il surgit quelques conflits, le nonce apostolique décidera ce qu'il faut faire. Tous se soumettront à son jugement.

4. Quand le Supérieur religieux veut changer un de ses sujets, il est tenu d'en informer le Vicaire apostolique. S'il veut le remplacer par un autre, il devra présenter ce dernier au Vicair apostolique ou à son délégué, au moins en lui décrivant, par lettre, ses qualités si le sujet ne peut pas facilement se présenter. En plus, ces missionnaires ne peuvent pas quitter le territoire de mission, en dehors du cas d'évidente nécessité, sans en indiquer la raison au Vicaire apostolique.

5. Si le Vicaire apostolique juge qu'il est expédient de changer un régulier, il en parlera au Supérieur en lui faisant connaître les raisons qui motivent cette mesure. S'ils ne peuvent s'entendre, le nonce décidera lui-même ce qu'il faut faire.

6. En cas de conflit entre les séculiers et les réguliers quant à l'administration des sacrements pastoraux, le juge de première instance sera le Vicaire apostolique; pour les autres questions, si les réguliers sont demandeurs, le Vicaire apostolique; le nonce, s'ils sont défendeurs.

7. Si les Supérieurs religieux veulent parfois envoyer leurs sujets soit entendre les confessions, soit prêcher, soit catéchiser dans un lieu où réside un autre prêtre, ils peuvent le faire tout en mettant le Vicaire apostolique au courant de ces permissions.

8. Pour ce qui a rapport aux points de doctrine qui ne sont pas encore définis par Rome, quand il y a diverses opinions on demandera à la Propagande de définir la question le plus tôt possible. Dans l'intervalle, qu'on s'en tienne aux ordonnances du Vicaire apostolique.[5]

5. *Analecta Iuris Pontificii,* 28e Série (1888-1889), col 128-132.

B. Bref « Salvatoris et Domini »

Ce décret de la Propagande semblait clair. Allait-il mettre fin à tout conflit ? Malheureusement non. Il fut, comme il arrive souvent, interprété de différentes façons. Des dissentiments surgirent à nouveau entre le Vicaire apostolique et les séculiers et les réguliers. Alors le Nonce du Saint-Siège pour les Pays-Bas, l'Archevêque de Malines et les évêques de Ruremonde, d'Anvers, d'Ypres, de Bois-le-Duc, de Gand, de Bruges s'interposèrent en médiateurs. La Propagande ratifie leur accord par un acte du 15 octobre 1623; Urbain VIII confirme le décret par la Constitution « *Salvatoris et Domini* » du 5 mai 1626.[6]

Cette Constitution approuve le décret du 1er mai 1623. En plus, il y est stipulé que les missionnaires réguliers seront soumis, en première instance, au Vicaire apostolique non seulement pour l'administration des sacrements, mais aussi pour le reste, qu'ils soient demandeurs ou défendeurs; en seconde instance, le Nonce apostolique règlera tout différend. Le Supérieur religieux de la Société de Jésus pourra, sans recours au Vicaire apostolique, quand un missionnaire seul dans son poste est malade, ou absent, ou empêché, le remplacer par un autre d'un lieu voisin jusqu'à son retour. Pour envoyer un sujet prêcher, entendre les confessions, catéchiser dans un lieu où réside un autre prêtre, il faudra et avertir le prêtre en question ou le Vicaire apostolique et en obtenir le consentement.[7]

C. Décret de la Propagande du 17 mars 1671

On n'était pas au bout de discussions. Le Clergé séculier de Hollande se plaint de ce que, contrairement aux dispositions du concordat de 1623, le nombre des réguliers ne cesse de croître et qu'ils s'emparent des postes les plus avantageux. Voici les autres réflexions qu'on trouve dans les *Analecta Iuris Pontificii* de 1888-1889: « Ayant reconnu par l'expérience

6. *Analecta Iuris Pontificii*, 28e Série (1888-1889), col. 131.
7. De Martinis, *Ius Pontificium de P. F.*, Pars I, Tom. I, 54-59.

que les décisions spéculatives augmentaient les contestations au lieu de les terminer, parce que chacun les interprétait en sa faveur, la Propagande adressa une longue et importante dépêche (3 août 1669) à l'Internonce de Flandre ». Celui-ci reçoit plein pouvoir pour obliger les réguliers à se soumettre aux dispositions du Saint-Siège quels que soient les privilèges qu'ils prétendent avoir encore.[8]

Peu de temps après, le 17 mars 1671, la Propagande doit encore publier un autre décret. En voici un résumé: les réguliers et les préfets de Mission doivent obtenir au préalable la permission par écrit du Vicaire apostolique pour exercer le ministère; de même aussi pour être transférés d'une mission à l'autre. Ils doivent aussi présenter les « lettres patentes » et l'approbation du Vicaire apostolique aux curés, aux vicaires, aux catholiques des lieux qui leur sont assignés. Ils ne peuvent pas, en dehors de leur territoire, s'immiscer, dans les endroits confiés à un autre prêtre au ministère même non paroissial sans la permission de ce dernier ou du Vicaire apostolique, sauf le cas d'urgente nécessité. Le Vicaire apostolique peut par lui-même ou par son délégué visiter les oratoires des réguliers quand il lui semble opportun, y administrer la confirmation et y exercer les pontificaux. Ceux qui ont charge d'âmes sont soumis à sa visite et à sa correction pour tout ce qui concerne le soin des âmes et l'administration des sacrements. Les réguliers ne peuvent pas quitter la mission sans une cause légitime approuvée par le Vicaire apostolique. Les réguliers qui ont été admis comme compagnons doivent obtenir la permission et l'approbation du Vicaire apostolique pour administrer les sacrements pastoraux.[9]

En 1690, le 9 mai, ce décret fut étendu à tous les autres missionnaires qui travaillaient dans les « provinces fédérées ». Là encore, les pouvoirs des Vicaires apostoliques furent renforcés et mieux définis. Pour tout ce qui concerne l'administration des sacrements et le soin des âmes, les réguliers

8. *Analecta Iuris Pontificii,* 28e Série (1888-1889), col. 138.
9. *Analecta Iuris Pontificii,* 28e Série (1888-1889), col 140-141.

doivent se plier à tous les mandements des Vicaires apostoliques; ils ne peuvent pas en différer l'exécution sous le prétexte que leurs supérieurs ne leur ont pas commandé de les remplir ou qu'ils en ont appelé au Nonce apostolique. Ils ne seront dispensés d'obéir à leur mandement que lorsque le Nonce aura ordonné d'en suspendre l'effet. Bref, on le voit facilement, les papes se montrèrent constamment les plus fermes soutiens de ces éminents dignitaires que sont les Chefs ecclésiastiques.[10]

ARTICLE II: EN EXTREME-ORIENT

A. Origine de la controverse au sujet de la juridiction

En 1514, Léon X établit le diocèse de Funcal (sur l'île Madère). Sous Paul III, Goa devint suffragant de Funchal, en 1534. Quelques années plus tard, soit en 1558, Cochin et Malacca sont à leur tour érigés en diocèses; Macao, en 1575. On le voit, la hiérarchie s'est développée lentement dans les territoires du patronat portugais, mais malheureusement sans tenir compte de l'adaptation aux conditions des missions.

Les séculiers se dévouaient presque exclusivement au soin des âmes des Portugais présents dans ces territoires. Le besoin des prêtres s'y faisait sentir de plus en plus. Les Jésuites, d'autre part, avaient charge exclusive de la mission des Indes de par la concession de Grégoire XIII en 1585. Les Ordres Mendiants y furent aussi admis plus tard, mais avec la stipulation que tous les missionnaires devraient passer à l'avenir par Lisbonne et Goa, où ils étaient soumis à un strict contrôle par le gouvernement portugais. Cette stipulation tomba en 1608 pour les Mendiants; en 1633, pour les autres Ordres; pour les séculiers, en 1673. Mais les missionnaires eurent à souffrir bien des tracas de la part du gouvernement du Portugal.[11]

10. *Analecta Iuris Pontificii,* 28e Série (1888-1889), col. 142.
11. Schmidlin, *Catholic Mission History,* p. 476; Grentrup, *Ius Missionarium* (Steyl, 1925), p. 198.

En outre, il faut se souvenir que le seizième siècle voit l'apogée des facultés concédées aux missionnaires religieux. Rappelons-nous les pouvoirs que le Saint-Siège, par le bref « *Alias felicis recordationis* », avait accordés, le 15 avril 1521, aux 12 Franciscains missionnaires au Mexique: « Hors la subordination aux Supérieurs réguliers, nous dit Gérin, ils avaient pleine liberté d'action dans l'exercice du ministère apostolique, indépendamment de toute autorité ecclésiastique ou séculière. En plus, dans les districts sans évêques, ils obtenaient le pouvoir de consacrer les autels et les calices, d'accorder les indulgences que les évêques diocésains ont en général la faculté d'octroyer, d'administrer la confirmation, de conférer la tonsure et les ordres mineurs ».[12]

A son tour, Adrien VI donna des facultés très étendues aux ouvriers qui répandaient la bonne nouvelle dans les Indes Orientales et Occidentales. Il leur accordait « omnimodam suam auctoritatem in utroque foro, tantam, quantam judicaverint opportunam et expedientem pro conversione Indorum ac manutentione et profectu illorum, etiam quoad actus episcopales qui non requirunt episcopalem ordinem, donec, per Sedem apostolicam aliter fuerit ordinatum ».[13]

S. Pie V, le 23 mars 1567, donne aux réguliers missionnaires de tous les Ordres, pourvu qu'ils connaissent la langue du pays à évangéliser (les Indes), la faculté de remplir les fonctions de curé, c'est-à-dire de célébrer les mariages, d'administrer les sacrements et d'entendre les confessions de par la seule permission des Supérieurs réguliers.[14]

Quoique confirmée par une bulle de Grégoire XIV, cette disposition qui ne correspond pas du tout aux réformes du Concile de Trente, sera révoquée par Clement VIII dans sa constitution « *Religiosorum quorumcumque* » du 8 novembre

12. Gérin, *Le Gouvernement des Missions*, p. 23; Engelhart, *The Missions and Missionaries of California* (4 vols., San Francisco, 1909-1915), IV, 799.
13. Bulle du 10 mai 1522—De Martinis, *Ius Pontificium de P. F.*, Pars II, 37. (cité par Gérin, *Le Gouvernement des Missions*, p. 23).
14. Constitution "*Exponi Vobis*" — *Appendix ad Bullarium*, I, 42-44.

1601. A l'avenir, les réguliers seront soumis aux Ordinaires du lieu pour ce qui regarde la charge des âmes; à leurs Supérieurs réguliers pour le reste.[15] Les successeurs de Clément VIII, Grégoire XV, Innocent XI, Benoît XIV parleront dans le même sens, nous le verrons plus loin.[16]

B. La Controverse elle-même

Les réguliers, nantis de ces nombreuses facultés, souffrent difficilement que les Ordinaires, forts des décrets conciliaires, veuillent à tout prix les soumettre au contrôle de leur autorité. C'est là une occasion de friction entre les différents Supérieurs. Les réguliers, pour défendre leurs pouvoirs, font appel au Roi. Certains attribueront même à ce dernier une juridiction spirituelle en concurrence avec celle de l'épiscopat.[17]

Est-ce que ces privilèges des Ordres religieux persévèrent là où la hiérarchie est établie ? Il semble que non. De fait, ils n'avaient été accordés que parce que la hiérarchie n'existait pas encore dans ces colonies lointaines. Thomas de Jésus (1564-1627), dans son traité publié en 1613, nous dit que dans les missions chez les infidèles ou chez les schismatiques, quand des évêques sont nommés, les réguliers « aliquibus ex præfatis privilegiis tuta conscientia gaudere nequent ».[18] Verricelli (1656), de son côté, prétend que ces privilèges tombent dans la mesure où ils vont contre l'autorité des évêques ou des curés dans les endroits où ceux-ci sont établis.[19] On

15. Vermeersch, *De Religiosis, Institutis et Personis* (2 vols., Brugis, 1902-1909) II, *Supplément*, p. 579, n. 276; Gérin, *Le Gouvernement des Missions*, cite quelques passages du Concile de Trente: sess. VI, *de ref.*, cc. 3-4; sess. VII, *de ref.*, cc. 8, 14-15; sess. XXI, *de ref.* c. 8; sess. XII, *de ref.*, c. 9; sess. X-XIV, *de ref.*, c. 11; sess. XXV, *de ref.*, cc. 6-7.
16. *Analecta Iuris Pontificii*, 28e Série (1888-1889), col. 148.
17. Gérin, *Le Gouvernement des Missions*, p. 27.
18. Thomas a Jesu, *De procuranda salute omnium gentium, schismaticorum, haereticorum, Judaerorum, Saracenormum, caeterorumque infidelium Libri XII* (Antwerpiae, 1613), p. 848. (Cité par Gérin, *Le Gouvernement des Missions*, p. 26).
19. Verricelli, *Tractatus de Apostolicis Missionibus* (Venetiis, 1656) p. 225 (également cité par Gérin, *Le Gouvernement des Missions*, p. 26).

se souvient aussi que la Bulle « Inscrutabili » révoque expressément tout privilège déjà concédé qui empêcherait la Propagande d'exercer sa juridiction souveraine.[20]

Après l'établissement de la Propagande, un autre problème se posa. Cette Congrégation accordait des formules nouvelles de facultés aux missionnaires qu'elle députait aux missions.[21] D'autre part, les réguliers continuaient à jouir des anciennes formules. C'était là encore une autre occasion de conflit. Une refonte des anciennes facultés s'imposait; elle eut lieu le 16 janvier 1641.[22]

La dispute atteint son point culminant après la création, par la Propagande, des Vicariats apostoliques de Tonkin, Cochinchine et Nankin, confiés à la Société des Missions Etrangères de Paris, en 1659.[23] Aussitôt s'élève de la part des réguliers, sous la direction des Jésuites, une très forte opposition. Les réguliers vont même jusqu'à dénoncer les Vicaires apostoliques comme usurpateurs, hérétiques; ils poussent les fidèles à refuser de reconnaître l'autorité de ces Chefs ecclésiastiques. Certains prêchent qu'il vaut mieux mourir sans sacrements que de les recevoir de la part des prêtres nommés par la Propagande.[24]

C. *La Constitution « Speculatores »*

Les Vicaires apostoliques de ces lieux se plaignent au Saint-Siège. Clément IX tente de régler la question par la Constitution « *Speculatores* » du 13 septembre 1669.[25]

---

20. Gregorius XV, const. "*Inscrutabili divinae providentiae*", 22 iunii 1622—*Coll, S. C. P. F.*, n. 3.
21. *Coll. S. C. P. F.*, n. 88.
22. Gérin, *Le Gouvernement des Missions*, p. 46; Vermeersch, "De formulis facultatum", *Periodica*, XI (1922), 33.
23. Schmidlin-Braun, *Catholic Mission History*, p. 476.
24. Schmidlin-Braun, *Catholic Mission History*, p. 477.
25. *Codicis Iuris Canonici Fontes*, cura Emri Petri Gasparri editi (9 vols., Romae (postea *Civitate Vaticana*): Typis Polyglottis Vaticanis, 1923-1939, Vols. VII, VIII, et IX ed. cura et studio Emri Iustiniani Card. Serédi), n. 245. (à l'avenir cette collection sera citée ainsi: *Fontes*) ; Coll. S. C. P. F., n. 186.

Voici les quelques points qui nous intéressent ici.

1. Les Vicaires apostoliques peuvent et doivent exiger de tous les missionnaires religieux sans exception qu'ils présentent leurs « lettres patentes » ou toutes autres lettres justifiant leur présence dans cette mission. Si quelqu'un refuse de les produire, les Vicaires apostoliques, en qualité de délégués du Saint-Siège, peuvent et doivent lui refuser l'exercice des facultés concédées par ces lettres.[26]

2. Ces missionnaires doivent en outre demander au Vicaire apostolique la permission d'exercer leurs facultés; il ne suffit pas de montrer ces lettres patentes. Les Vicaires apostoliques ne refuseront point cette faveur, si ce n'est pour une cause grave à communiquer à la Sacrée Congrégation de la Propagande.[27]

3. En cas de pénurie de prêtres séculiers, ces réguliers sont tenus non seulement en charité, mais aussi en justice d'exercer la charge d'âmes. Le Vicaire apostolique pourra les y forcer, s'ils refusent de prêter leur concours.[28]

4. Quand les réguliers exercent la charge d'âmes à titre de missionnaires, ils sont soumis à la visite et à la correction des Chefs ecclésiastiques pour ce qui concerne les fonctions paroissiales.[29]

5. Il est défendu aux réguliers de construire ou d'ouvrir des églises sans la permission du Vicaire apostolique à plus forte raison contre leur volonté, dans les lieux où il en existe déjà. Mais, là où il n'y en a pas, ils le peuvent dans la mesure où leurs privilèges ou leurs facultés le leur concèdent.

6. Les Vicaires apostoliques peuvent exiger des réguliers le compte-rendu des volontés pieuses dont ils auraient été constitués exécuteurs.[30]

---

26. Cf. Aussi S. C. de Prop. Fide (C. P.), 22 mart. 1669—*Coll. S. C. P. F.*, n. 178, ad 5; De Martinis, *Ius Pontificium de P. F.*, Pars II, 233; *Fontes* n. 4481.
27. Cf. aussi *ibid.*, ad 6; De Martinis, *ibid.*, pp. 267-268.
28. Cfr. *ibid.*, ad 7.
29. Cf. De Martinis, *ibid.* pp. 225 et 235.
30. Cf. aussi le décret du 22 mars 1669—*Coll. S. C. P. F.*, n. 178, ad 9.

7. S'il y a controverse entre les religieux, le Vicaire apostolique, en qualité de délégué du Saint-Siège peut et doit la dirimer. Pour les cas plus graves, le recours au Saint-Siège s'impose.[31]

8. Quant aux voeux que certains catéchistes ont pris de s'attacher au service exclusif de certains religieux, le Saint-Siège les déclare nuls et réprouve hautement cet abus.[32]

9. Le Vicaire apostolique, dans les limites de son vicariat, a un droit de surveillance et d'inspection pour ce qui regarde la foi, les bonnes moeurs et l'administration des sacrements de baptême, de mariage, et le culte divin, les prières publiques.

10. La vérification et la publication des lettres, des constitutions, des rescrits apostoliques sont réservées exclusivement au Vicaire apostolique.[33]

Encore une fois, ce serait une illusion de croire que cette Constitution a réussi à faire disparaître toute mésentente. L'opposition va continuer. Les Jésuites décrient les Vicaires apostoliques, les traitent eux et les missionnaires de la Propagande comme des jansénistes, des usurpateurs etc. Ils provoquent les fidèles à désobéir à ces Chefs ecclésiastiques. Quant aux Franciscains et aux Dominicains, ils se mirent du côté de la Hiérarchie de Goa. Le Dominicain Fragosus, commissaire de l'Inquisition de Goa excommunia le Vicaire apostolique de Cochinchine dans sa propre résidence à Juthia sous le prétexte d'usurpation de droits; des missionnaires de la Propagande furent enfermés dans la prison de l'Inquisition.[34]

Clément X dût intervenir à son tour. Il publia plusieurs constitutions. Le 10 novembre 1673, il avertit les Jésuites que même s'ils sont nantis de lettres apostoliques, ils dépendent toutefois des Vicaires apostoliques. Il met en garde aussi

31. Cf. aussi le décret du 13 août 1669—*Coll. S. C. P. F.*, n. 182, ad 7.
32. Cf. aussi S. C. de Prop. Fide (C. P. pro Sinis) 28 jan. 1669—*Coll. S. C. P. F.*, n. 174, pp. 54-55.
33. Cf. aussi S. C. de Prop. Fide (C. P. pro Sin.), 13 août 1669—*Coll. S. C. P. F.*, n. 182, ad 2; *Fontes*, n. 4482.
34. Schmidlin-Braun, *Catholic Mission History*, p. 477.

contre ceux qui fomentent la désobéissance à ces Chefs ecclésiastiques « huius sanctæ Sedis volontati rebelles habendos ac reiiciendos esse » . [35]

Il revient encore sur le même sujet le 22 décembre suivant. Les Vicaires apostoliques des Indes Orientales et de la Chine et leurs missionnaires, déclare-t-il, sont entièrement exempts de la juridiction des Inquisiteurs de Goa, dans les territoires qui ne sont pas sous la dépendance du Portugal: Chine, Cochinchine, Tonkin, Siam, Cambodge . . .[36]

Le lendemain, il remémore les constitutions de ses prédécesseurs qui permettaient aux religieux de gagner les Indes et les autres parties de l'Extrême-Orient par une autre voie que la voie Portugaise; il étend cette permission aux Vicaires apostoliques, aux prêtres séculiers et aux laïques. Des peines allant jusqu'à l'excommunication sont portés contre ceux qui s'opposeraient à cette clause.[37]

Ce n'est pas encore le calme. Le Souverain Pontife tente un autre effort en appelant les Jésuites à Rome. Le 26 janvier 1674, Pirrus Gherardi, procureur général des Jésuites, fondé de pouvoir du Général de la Compagnie, se présente à deux notaires de Rome et déclare devant deux témoins qu'il accepte et promet de faire accepter par tous les Jésuites les dispositions des lettres pontificales en faveur des évêques Vicaires apostoliques de Chine.[38]

Cependant, sept Jésuites refusèrent de se soumettre. Innocent XI, en octobre 1678, les manda à Rome et prescrivit au Général des Jésuites d'envoyer d'autres missionnaires à leur place. Un serment d'obéissance au Vicaire apostolique devra être prêté à l'avenir par tous les missionnaires. En voici le texte:

---

35. Clemens X, const. "*Praecipua enimvera voluptate*"—De Martinis, *Ius Pontificium de P. F.*, Pars I, Tom. I, 423.
36. Clemens X, const. "*Solicitudo pastoralis*", 22 déc. 1673 — De Martinis, *Ius Pontificium de P. F.*, Pars I, Tom I, 423.
37. Clement X, Const. "*Iniuncti vobis*", *23 déc. 1673* — De Martinis, *ibid.*, p. 424.
38. *Analecta Iuris Pontificii*, 28e Série (1888-1889), col. 143.

« Prædicationem verbi Dei, sacramentorum administrationem, aliudve ecclesiasticum munus quodcumque in locis Vicariorum Apostolicorum curæ commissis nunquam exercebo, quibuscumque privilegiis propriis vel meæ religionis vel aliis quibusvis munitus existam, nisi prius ab ipsis Vicariis Apostolicis fuerim approbatus et ab iisdem licentiam in scriptis acceperim » .[39]

Quant aux insoumis, les peines les plus sévères leur seront appliquées: excommunication majeure encourue « *ipso facto* » et réservée au Saint-Siège, i.e., personne autre que le Saint-Siège ne pourra en absoudre, excepté à l'heure de la mort; en plus, ils seront passibles d'autres peines même corporelles et afflictives.[40]

D. Intervention de Benoît XIV

La mésentente continua encore pendant plusieurs années. Benoît XIV voulut tenter un autre effort pour ramener le calme. Par sa constitution, « *Firmandis* » du 6 novembre 1744, il confirma les constitutions de ces prédécesseurs, « *Suprema* » de Clément X et « *Speculatores* » de Clément IX.[41] La correction des curés regarde cumulativement et le Chef ecclésiastique et le Supérieur religieux; s'il y a mésentente entre ces deux derniers, il faut s'en tenir à la décision du Chef ecclésiastique. Tous deux peuvent changer un curé sans le consentement l'un de l'autre; aucun d'eux n'est tenu de donner à l'autre les raisons de sa décision. En plus l'exemption des monastères religieux paroissiaux où réside le Supérieur Général ne s'étend pas aux résidences des autres Supérieurs.

L'année suivante, Benoît XIV publie une autre Constitution, « *Quamvis ad confirmandum* » . Pie V et Grégoire XIV avaient donné aux réguliers des Indes, à cause de la pénurie

---

39. Innocentius IX, const. "*Cum haec sancta*", 10 oct. 1678 — De Martinis, *Ius Pontificium de P. F.*, Pars I, Tom II, 15-19; Gérin, *Le Gouvernement des Missions*, p. 83.
40. Innocentius XI, const. "*Cum haec Sancta*", 10 oct. 1678 — De Martinis,*Ius Pontificium de P. F.*, Pars I, Tom. II, 15-19.
41. De Martinis *Ius Pontificium de P. F.*, Pars I, Tom III, 183-192.

de prêtres séculiers, la permission d'exercer la charge d'âmes indépendamment des Ordinaires. Mais, nous l'avons vu plus haut, Clément VII les avait plus tard (1601) soumis à la juridiction des Ordinaires.[42]

Benoît XIV révoque lui aussi les constitutions de Pie V et Grégoire XIV, car les circonstances ont changé. Il proclame que aucun régulier missionnaire aux Indes Orientales ne peut exercer de fonctions paroissiales sans examen préalable et approbation de l'Ordinaire. Tous lui sont aussi soumis pour l'exercice de leur juridiction et ils sont, comme les autres, tenus d'observer les décrets et constitutions du Concile de Trente sur ce sujet.[43]

Quelques années plus tard en novembre 1751, Benoît XIV doit encore intervenir par sa Constitution « Cum nuper ». Elle est une confirmation des précédentes. Les évêques des Indes Occidentales peuvent accorder aux prêtres séculiers, sans devoir les réserver aux réguliers, des bénéfices et des offices comportant charge d'âmes. Les réguliers ayant charge d'âmes sont soumis à la juridiction des Ordinaires. Là où il y a pénurie de prêtres séculiers, les réguliers peuvent jouir des privilèges accordés par Pie V.[44]

En juillet 1753, il publie une nouvelle Constitution, « Cum alias » ; il y confirme les précédentes. Les réguliers, dit-il, n'ont aucun droit à l'obtention ou la rétention des bénéfices « curata ». Pour ce qui regarde l'observance de leur règle, ils sont soumis à leur Supérieur; quant à ce qui concerne l'exercice de la charge d'âmes, ils sont soumis aux évêques ou aux autres Ordinaires.[45]

---

42. Const. "*Religiosorum quorumque*" — Vermeersch, *De Religiosis, Institutis et Personis*, II, *Supplément*, p. 579.
43. De Martinis, *Ius Pontificium de P. F.*, Pars I, Tom III, 217.
44. De Martinis, *ibid.*, p. 467.
45. De Martinis, *ibid*, p. 539.

ARTICLE III: EN ANGLETERRE

A. Dispute entre le Docteur Smith et les Religieux

A partir de la chute d'Henri VIII, l'Eglise d'Angleterre est en bien triste état. Il va sans dire qu'il fut impossible de garder la forme ordinaire de la hiérarchie. Le régulier dépend de son Supérieur même pour l'exercice du ministère; le prêtre séculier, de son côté, est sous la dépendance du doyen et du chapitre. L'autorité ecclésiastique est mal définie.[46]

Le Saint-Siège fait bien des efforts pour rétablir la situation normale. En 1623, Grégoire XV nomme William Bishop (1553-1624) Vicaire apostolique d'Angleterre et d'Ecosse. Malheureusement, la mort vient le cueillir l'année suivante. Richard Smith (1568-1655) lui succède en 1625. Celui-ci doit gagner la France à l'occasion de la persécution menée par les Puritains. Il ne pourra pas revenir en Angleterre, qui demeurera sans évêques jusqu'en 1685.[47]

Ce Vicaire apostolique doit lutter contre les réguliers qui ne veulent pas se soumettre à sa juridiction. Il tente de les forcer à obtenir son approbation pour entendre les confessions et pour remplir d'autres obligations concernant ceux qui ont charge d'âmes, selon ce que demande le Concile de Trente.[48] On porte le différend au Saint-Siège. Urbain VIII, le 16 décembre 1627, déclare que le Vicaire Apostolique Smith n'est pas Ordinaire d'Angleterre, mais simplement un délégué du Saint-Siège avec un pouvoir limité. Ainsi, les missionnaires envoyés par le Saint-Siège n'avaient pas besoin de recevoir son approbation.[49]

Moins de quatre ans plus tard, Urbain VIII, par sa Constitution « *Britannia* » du 3 avril 1631, réaffirme les droits des

---

46. Guilday, *The English Catholic Refugees on the Continent* (New-York; Longmans, Green & Co., 1914), p. 250.
47. Pius IX, cons. "*Universalis Ecclesiae*", 29 sept 1850 — De Martinis, *Ius Pontificium de P. F.*, Pars I, Tom VI, 105; *The Catholic Encyclopedia*, V, art. "*England*", p. 450.
48. Sess. XXIII, *de ref.* c. 15.
49. *The Catholic Encyclopedia*, V, Art. "England".

réguliers d'exercer en toute liberté leurs facultés: ils dépendent directement du Saint-Siège. Toute controverse sur ce sujet devra être réglée par Rome.[50] En juillet 1633, le même pape publie la Constitution « *Plantata* ». Il confirme les privilèges et les facultés que Paul V avait accordés aux réguliers missionnaires dans les Indes. Les Bénédictins de la Congrégation d'Angleterre en bénéficieront, et en plus, ils se voient concéder tous les droits de l'ancienne Congrégation monastique.[51]

B. *Autre controverse*

Ce régime demeure jusqu'en 1685, alors que le pape Innocent XI nomme John Leyburn, Vicaire apostolique d'Angleterre. Il en ajoute trois autres le 30 janvier 1688. Aussitôt, les mêmes troubles surgissent. Comme les Bénédictins croient de bonne foi qu'ils représentent les anciens chapitres monastiques, ils s'estiment exempts de la juridiction du Vicaire apostolique. Bien plus, ils veulent en leur qualité de vicaires capitulaires des anciens chapitres soumettre à leur juridiction les autres religieux et les fidèles; Innocent XII fit paraître alors la Constitution « *Alias a particulari* », le 5 octobre 1696. Il étend aux Vicaires apostoliques d'Angleterre l'autorité accordée aux Vicaires apostoliques de Chine et des Indes sur tous les réguliers et les séculiers pour tout ce qui a rapport au soin des âmes, à l'administration des sacrements, notamment la confession.[52] C'est une application spéciale des Constitutions « *Speculatores* » de Clément IX et « *Suprema* » de Clemens X.[53] Mais c'est aussi une dérogation à la Constitution « Plantata » d'Urbain VIII.[54]

---

50. Gérin, *Le Gouvernement des Missions*, p. 56; De Martinis, *Ius Pontificium de P. F.*, Pars I, Tom I, 125.
51. De Martinis, *Ius Pontificium de P. F.*, *ibid.* p. 148; Pius V. const. "*Exponi vobis*", 24 mart. 1567—*Appendix ad Bullarium*, I, 42-44.
52. De Martinis, *Ius Pontificium de P. F.*, Pars I, Tom. II, 156.
53. Clemens IX, const. "*Speculatores*", 13 sept. 1669 — *Fontes*, n. 245; Clement X, const. "*Superna*", 21 inuii 1670 — *Fontes*, n. 246.
54. De Martinis, *Ius Pontificium de P. F.*, Pars I, Tom. I, 148.

C. *Décisions de Benoît XIV en faveur du Vicaire apostolique*

En 1739, les Vicaires apostoliques demandent à Rome de délimiter davantage et d'accroître leurs pouvoirs.[55] Le Saint-Siège tarde à répondre. Toutefois, Benoît XIV se charge de mettre fin au conflit qui dure déjà depuis trop longtemps. Le 11 septembre 1745, il publie son bref « *Emanavit* », confirmant le décret du 16 août précédent. Tous les réguliers missionnaires d'Angleterre doivent recevoir du Vicaire apostolique la permission d'administrer le sacrement de pénitence et d'exercer leurs facultés qui se rapportent au soin des âmes.[56] C'est une dérogation à la Constitution « *Plantata* » d'Urbain VIII. Le Vicaire apostolique peut soumettre les réguliers à un examen avant de leur donner l'approbation, leur défendre de quitter le territoire ou encore d'étendre leur champ d'action hors de ce territoire.

Mais, ce bref ne fut publié en Angleterre que le 23 août 1748. Il fut d'ailleurs mal reçu. Les Franciscains voulurent le faire révoquer. Les Jésuites tâchèrent de procurer un délai afin d'obtenir des instructions de Rome. Le différend était loin d'être apaisé.[57]

Les religieux missionnaires de leur côté, se basant sur les concessions faites par la Constitution « *Plantata* », se considèrent exempts de la juridiction des Vicaires apostoliques et continuent à faire usage de leurs privilèges, car, prétendent-ils, les Vicaires apostoliques ne sont pas des Ordinaires, mais

55. Burton, *The Life and Times of Bishop Challoner* (1691-1781), (2 vols., New-York: Longmans, 1909), II. p. 254 sq.
56. De Martinis, *Ius Pontificium de P. F.*, Pars I, Tom. III, 233.
57. Guilday, *The English Catholic Refugees on the Continent*, p. 254; Taunton, *The English Black Monks of St. Benedict* (2 vols., London, 1898), II, 176-178; cité par Lee, *Superiors, Missionary and Religious*, A dissertation submitted to the Faculty of Canon Law of the Catholic University of America in Partial Fulfillment of the requirements for the Degree of Licentiate in Canon Law, 1940), p. 25.

des délégués du Saint-Siège dont ils reçoivent, tout comme eux, leur mission canonique et leurs facultés.[58]

Cependant, Benoît XIV, par sa Constitution « *Apostolicum ministerium* », du 30 mai 1753, réussit à imposer un régime qui sera paisiblement observé. Voici en résumé ce qui se rapporte à notre question. En arrivant en territoire de mission, les missionnaires réguliers doivent se présenter au Vicaire apostolique et lui montrer les lettres testimoniales de leurs Supérieurs. Les réguliers ne peuvent entendre les confessions des séculiers sans l'approbation du Chef ecclésiastique, qui peut exiger un examen préalable. Pour l'observance régulière, ils sont soumis à leur Supérieur religieux. Pour ce qui regarde la charge d'âmes et l'administration des sacrements, ils sont soumis et au Vicaire apostolique et au Supérieur religieux. En cas de conflit entre les deux Supérieurs, il faut s'en rapporter au jugement du Vicaire apostolique. Les deux Supérieurs peuvent aussi enlever un missionnaire sans que l'un soit tenu de donner à l'autre la raison de la mesure prise; cependant, si le Supérieur régulier l'envoie à un autre endroit de mission ou en pays catholique, il doit le remplacer par un autre.[59]

D. Le rétablissement de la hiérarchie en Angleterre

Le calme régna pendant environ un siècle. Le 29 septembre 1850, Pie IX restaura la hiérarchie en Angleterre. Il y établit un archevêque et douze évêques. Toutefois, l'Angleterre, tout comme l'Ecosse, restera sous la dépendance de la Propagande jusqu'en 1908.[60] Ces Chefs ecclésiastiques ont les mêmes droits, facultés et obligations que les autres archevêques et évêques dans le reste du monde.[61]

---

58. Taunton, *The English Black Monks of St. Benedict*, II, 176-178; Gérin, *Le Gouvernement des Missions*, p. 57.
59. *Fontes*, n. 425; De Martinis, *Ius Pontificium de P. F.*, Pars I, Tom. III, 529-539.
60. *Acta Apostolicae Sedis, Commentarium Officiale* (Rome, 1909—), I (1909), 12-13 (à l'avenir, cette collection sera citée ainsi: *AAS*.)
61. Pius IX, const. "*Universalis Ecclesiae*", 29 sept. 1850 — De Martinis, *Ius Pontificium de P. F.*, Pars I, Tom. VI, 105-109.

Avec ce nouveau mode de gouvernement, il faut s'attendre à de nouveaux frottements entre les différents Supérieurs. Exemption des religieux, fondation des écoles, conférences ecclésiastiques, assistance aux synodes diocésains, renvoi des missionnaires, voilà entre autres quels étaient les points de controverses.

Le 30 juillet 1877, les Evêques d'Angleterre adressèrent une pétition au Saint-Siège demandant de composer une constitution semblable à celle de Benoît XIV « *Apostolicum ministerium* », dans le but de mettre fin au conflit. La demande est alors transmise à la Propagande.

Rome procède lentement et avec une grande prudence selon son habitude. Léon XIII publie, le 8 mai 1881, sa fameuse Constitution « *Romanos Pontifices* ».[62] Les Evêques sont bien satisfaits de sa teneur: elle leur donne ce qu'ils voulaient obtenir. Le Souverain Pontife y traite spécialement de l'exemption des réguliers, du ministère rempli par eux, et de l'administration des biens temporels.

Les maisons des réguliers même celles qui ne contiennent pas six sujets sont exemptes de la juridiction du Chef ecclésiastique, tout comme en territoire de missions, « res ibi geruntur eodem fere modo atque in missionibus geri solent. »[63]

Les réguliers qui sont engagés dans le ministère paroissial doivent assister aux conférences ecclésiastiques et aux synodes diocésains, comme le demande le Concile de Trente.[64]

L'Evêque doit consulter le Supérieur religieux pour diviser un territoire administré par des religieux réguliers.

---

62. *Coll. S. C. P. F.*, n. 1552; *Fontes*, n. 582; Lee, *Superiors, Missionary and Religious*, p. 36.
63. Clemens VIII, par sa Constitution "*Religiosorum quorumcumque*" du 8 novembre 1601 (Vermeersch, *De Religiosis, Institutis et Personis*, II, Supplément, p. 579), les avait exemptées, tout comme la Congrégation de la Propagande, le 30 janvier 1627 — *Coll. S. C. P. F.*, *n. 32*. Par contre, le droit commun demande au moins six membres pour que ce privilège existe. Cf. Clemens VIII, const. "*Quoniam*", 23 iul. 1603- — *Fontes*, n. 190; Urbanus VIII, const. "*Romanus Pontifex*", 28 aug. 1624. — *Fontes*, n. 204; Conc. Trident., sess. XXV, *de regularibus*, c. 3.
64. Sess. XXIV, *de ref.*, c. 2.

L'appel contre la décision de l'Evêque est « *in devolutivo* ». A la tête de cette nouvelle mission, il peut nommer, à son gré, un prêtre séculier ou un régulier.[65]

Quant à la question de l'érection d'écoles, de collèges, d'églises, de couvents, ou encore du changement de but de ces institutions, la permission du Saint-Siège est requise de même que celle de l'Ordinaire du lieu; et cela sous peine d'invalidité, c'est-à-dire qu'il n'y a aucune exemption de la juridiction épiscopale dans ce cas.[66]

ARTICLE IV: PERIODE DE CALME A LA SUITE DE « ROMANOS PONTIFICES »

Après la parution de cette immortelle Constitution, le calme s'est établi partout dans les missions. On ne signale plus à partir de cette époque de grands conflits entre les différents Supérieurs. Le Code de Droit canonique place les missionnaires sous le droit commun. Les canons qui se rapportent exclusivement aux missions sont une synthèse des diverses législations de Rome sur ce point depuis 1622.

En 1929 la Sacrée Congrégation de la Propagande publia une Instruction aux Vicaires et Préfets apostoliques et aux Supérieurs des Instituts à qui le Saint-Siège a confié des missions. Pie XI, le pape des missions, y donne son approbation le 21 novembre 1929. Elle fut publiée le 8 décembre 1929. C'est un autre résumé des actes des Souverains Pontifes et de la Propagande sur ce sujet. Cette Instruction nous sera d'un grand secours durant la deuxième partie de notre travail, qui consistera à établir les relations canoniques entre le missionnaire et ses différents Supérieurs à la lumière de la législation actuelle.[67]

---

65. Sess. XXIV, *de ref.*, cc. 13 et 18.
66. Cf. aussi Vermeersch-Creusen, *Epitome Iuris Canonici* (6. ed., 3 vols., Mechliniae -Romae:Dessain, 1937-1946), I, n. 607 (à l'avenir cet ouvrage sera cité ainsi: *Epitome*).
67. *Instructio ad Vicarios Praefectosque Apostolicos et ad Superiores Institutorum quibus a S. Sede Missiones Concreditae sunt.* — *AAS*, XXII (1930), 111-115 (à l'avenir cette Instruction sera citée ainsi: Instruction de la Propagande du 8 déc. 1929).

DEUXIEME PARTIE

COMMENTAIRE CANONIQUE

CHAPITRE III

LES DIFFERENTS SUPERIEURS EN TERRITOIRE DE MISSION

ARTICLE I: LES LEGATS DU SOUVERAIN PONTIFE

Dans les contrées éloignées de Rome, le pape ne peut pas surveiller suffisamment son Eglise par Lui-même. De plus, il peut s'y présenter des difficultés qui requièrent l'intervention personnelle du Souverain Pontife. Pour remédier à cette lacune, les papes ont pris l'habitude de se faire représenter dans ces pays par des mandataires.

Dans les premiers temps de l'Eglise, on voit ces légats exercer une mission temporaire, par exemple présider des Conciles au nom du pape. Dès le cinquième siècle, certains ont une mission stable. La coutume d'envoyer des légats auprès des gouvernements s'accentue par la suite et surtout à partir du seizième siècle. Malheureusement, des abus se produisirent qui poussèrent Rome à préciser davantage leurs pouvoirs afin d'éviter tout conflit.[1]

Le Code de Droit Canonique distingue les légats « *a latere* », les Nonces, les Internonces, les Délégués apostoliques. Le Légat « *a latere* » est un Cardinal envoyé par le Saint-Père comme un autre lui-même, « *alter ego* ». « Il ne jouit que des pouvoirs que le Souverain Pontife lui confère pour cette mission ». [2]

---

1. Cance, *Le Code de Droit Canonique* I, 275; Augustine, *Rights and Duties of Ordinaries* (St. Louis and London, W. C.: Herder, 1924), p. 61.
2. Cf. canon 266.

Les Nonces et les Internonces reçoivent une mission diplomatique auprès des gouvernements: les Nonces auprès des gouvernements catholiques; auprès des gouvernements non-catholiques ou dans des pays de moindre importance, les Internonces. Leur mission ordinaire est de favoriser les bonnes relations entre le Saint-Siège et l'Etat, de surveiller la situation des Eglises et de renseigner le Souverain Pontife à ce sujet.[3]

Quant aux Délégués apostoliques, ils n'ont aucune mission diplomatique. Leur pouvoir ordinaire ne consiste qu'à surveiller l'état des églises de leur territoire et à en rendre compte au Saint-Siège.[4]

Les Nonces, les Internonces et les Délégués apostoliques jouissent, en plus, de pouvoirs délégués qu'ils reçoivent habituellement du Souverain Pontife.[5]

Il convient de noter ici que ces Légats (Délégués apostoliques, Nonces, Internonces) auront soin de laisser aux Ordinaires des lieux le libre exercice de leur juridiction.[6]

Leur fonction est de surveiller l'état des églises de leur territoire. Mais, ceci ne veut pas dire qu'ils ont le droit de faire la visite des personnes, des lieux et des choses. Ils n'ont que le droit de vigilance. Quand le Code veut inclure le droit de visite sous le droit de vigilance, il le mentionne, comme il le fait au canon 1515, § 2.[7]

---

3. Cf. canon 267, § 1, 1° et 2°.
4. Cf. canon 267, § 2.
5. Cf. canons 267, § 1, 3°, et 267, § 2°.
6. Cf. canon 269, § 1: "Legati Ordinariis locorum liberum suae iuridictionis exercitium relinquant".
7. Slafosky, *The Canonical Episcopal Visitation of the Diocese*, The Catholic University of America Canon Law Studies, n. 147 (Washington, D.C.: The Catholic University of America Press, 1942), p. 82; Reilly, *The Visitation of Religious*, The Catholic University of America Canon Law Studies, n. 112 (Washington, D. C.: The Catholic University of America, 1938), pp. 124-125; "Visitatio est forma solemnis ac plena iuridictionis. Non est confundenda cum vigilantia, nec cum iure exigendi rationem de aliqua re, nec cum simplici dependentia seu subiectione quoad aliqua". — Larraona, "*Commentarium codicis*", *CpR*, XIII (1932), 31, note 549.

« Ce droit de surveillance, nous dit Vromant, n'inclut pas: le droit de s'arroger l'administration du vicariat ou de la préfecture apostolique; — de nommer ou de destituer eux-mêmes des quasi-curés; — de nommer ou de révoquer les titulaires de missions; — de s'attribuer en propre l'administration de certains biens de la mission; — de modifier ou de contredire auprès des inférieurs les préceptes ou les directives de l'Ordinaire du lieu. Ces interventions et autres semblables seraient de nature à troubler la paix et le gouvernement des missions et exposeraient l'autorité des Ordinaires à la mésestime des inférieurs, et par conséquent, elles sont opposées à la direction sage et ordonnée de l'Eglise, ainsi qu'aux prescriptions du droit ecclésiastique » . [8]

ARTICLE II: LES CHEFS ECCLESIASTIQUES

A. Vicaire apostolique

La création des Vicaires apostoliques a été amenée par les circonstances politiques. Au dix-septième siècle, les rois du Portugal et de l'Espagne laissaient dans leurs colonies des évêchés vacants. Dans le but de remédier à ce lamentable état, le Saint-Siège envoya lui-même des représentants pour gouverner ces territoires au nom du Souverain Pontife.[9]

Le caractère provisoire de leur institution nous laisse voir que leur physionomie ne s'est dessinée que lentement. Les développements historiques ont amené le Saint-Siège à préciser petit la nature de leur juridiction et l'étendue de leur autorité.[10]

Aujourd'hui, on peut définir le Vicaire apostolique comme suit: un prélat ecclésiastique, ordinairement pourvu du caractère épiscopal, nommé par le Saint-Siège, pour gouverner, au nom du Souverain Pontife, un territoire canoniquement érigé en Vicariat apostolique et où n'a jamais existé ou n'est pas

---

8. Vromant, "Délégués apostoliques et Ordinaires de missions", *Nouvelle Revue Théologique,* LIX (1932), 64.
9. Vermeersch-Creusen, Epitome, I, n. 402; Vromant, *Ius Missionariorum,* II, De Personis 2. ed., Museum Lessianum, 1935), p. 56.
10. Gérin, *Le Gouvernement des Missions,* p. 85.

encore rétablie la hiérarchie.[11] Il est ordinairement, bien que non nécessairement, pourvu du caractère épiscopal, car le Vicariat apostolique est établi quand la mission est arrivée à un développement tel que l'organisation en étant déjà avancée, les oeuvres principales y fleurissant, la chrétienté ait atteint une certaine stabilité.[12]

La présence d'un évêque est alors presque indispensable: il pourra mieux faire épanouir sa mission, spécialement en y établissant un fort clergé indigène. En plus du pouvoir ordinaire, le Vicaire apostolique jouit de nombreuses facultés déléguées, qui, la plupart, peuvent être sous-déléguées en vertu du canon 199.

B. *Préfet apostolique*

Les Préfets apostoliques tels que nous les trouvons de nos jours en territoire de Mission ont pris naissance seulement au dix-neuvième siècle. Il faut les distinguer des anciens Préfets de Mission dont le Code a fait disparaître toute trace. Ces derniers étaient avant tout préposés à la direction des religieux de leur ordre, étaient nommés pour un laps de temps défini et n'avaient que des facultés spéciales. Le Préfet apostolique, de son côté, se voit chargé de l'administration d'un territoire déterminé, n'est pas Supérieur religieux, est nommé *ad nutum* par la Propagande et reçoit sa juridiction de par sa nomination à la tête de la préfecture.[13]

Le Préfet apostolique jouit presque des mêmes pouvoirs que le Vicaire apostolique. Cependant il n'est pas ordinairement honoré du caractère épiscopal. Il est tout de même placé à la tête d'un territoire séparé; sa juridiction est ordinaire, mais vicariale, car il agit au nom du Saint-Siège.[14] Quand les oeuvres seront développées au point de laisser croire que le christianisme est solidement fixé, le territoire deviendra

11. Gérin, *Le Gouvernement des Missions*, p. 160.
12. Schmidlin, *Catholic Mission Theory* (Techny: Mission Press, 1931, une traduction), p. 286.
13. Gérin, *Le Gouvernement des Missions*, p. 114.
14. Cance, *Le Code de Droit Canonique*, I, 295.

Vicariat apostolique, et celui qui en aura le gouvernement sera Vicaire Apostolique.[15]

C. *Supérieur ecclésiastique de Mission autonome ou « suis iuris »*

Ce n'est que le 12 septembre 1896 que la charge de Supérieur de Mission autonome, « sui iuris », fut établie par la Propagande.[16] Pendant longtemps, Rome ne nomma que très peu de ces Supérieurs. Mais, depuis 1928, le Saint-Siège a érigé plusieurs missions dites « *sui iuris* ».

Le Chef de cette mission est un missionnaire-prêtre mis par la Sacrée Congrégation de la Propagande à la tête d'un territoire non encore érigée en Vicariat ou Préfecture apostolique, mais entièrement indépendant des Ordinaires voisins. C'est le premier stage d'une nouvelle mission.[17]

Il convient de noter en passant que ce Supérieur, tout comme le Vicaire et le Préfet apostoliques, est un Ordinaire véritable et en a tous les pouvoirs. Il a, en effet, un pouvoir de juridiction au for externe et a été reconnu comme Ordinaire du lieu par le Saint-Siège.[18] De fait, une lettre de la Propagande adressée aux Vicaires et aux Préfets apostoliques et aux Supérieurs de Mission « *sui iuris* » nous fait voir que ces derniers peuvent ériger des quasi-paroisses, visiter les maisons religieuses.[19]

De plus, dans cette même lettre, les Supérieurs de Missions « sui iuris » sont appelés Ordinaires, tout comme les autres Chefs de Missions, Vicaires et Préfets apostoliques.

Le Délégué apostolique des Indes avait demandé si ces Supérieurs de Missions étaient tenus en justice à dire la messe

---

15. Schmidlin, *Catholic Mission Theory*, p. 286.
16. *Coll. S. C. P. F.*, n. 1953.
17. Tremblay, *Le pouvoir de dispenser des empêchements matrimoniaux en pays de Mission.* Les Thèses canoniques de Laval, n. 2, (Québec, 1944), p. 35.
18. Tremblay, *Le pouvoir de dispenser des empêchements matrimoniaux en pays de Mission*, p. 35.
19. Tremblay, *Le pouvoir de dispenser des empêchements matrimoniaux en pays de Mission*, p. 36; *AAS*, XIV (1922), 287.

« *pro populo* ». La Propagande lui répondit d'une façon affirmative, pour la raison que ce Supérieur ecclésiastique doit être considéré comme un Ordinaire.[20]

Enfin, voici une réponse que Pugliese a obtenue de la Sacrée Congrégation de la Propagande: « Tandem officiose inquirens apud eandem S. C. P. F. hanc obtinui responsionem: Superiorem huiusmodi. Eccl. Missionis sui iuris, ex praxi et stylo eiusdem S. Cong., revera esse veri nominis Ordinarium loci sensu scil. a Codice intento in can. 198, ac propterea illi demandari circumscriptionem aliquam eccl. iam bene definitam ac delimitatam, quam ut proprium territorium gubernat in spiritualibus ac temporalibus, iuxta can. 335, § 1 — cum limitationibus tamen in iure statutis — potestate non delegata sed ordinaria, seu ex officio, nomine ac vice Rom. Pont. exercenda ». [21]

---

20. S. C. de Prop. Fide, 31 aug., 1934 — *Sylloge*, n. 187; voici la traduction du texte italien qu'en donne Bouscaren, *Canon Law Digest*, II (1943), p. 122: "The reply of this Sacred Congregation is in the affirmative, for the reason that the ecclesiastical Superior of a Mission which is *sui iuris* must be considered an Ordinary. It is true, as Your Excellency remarks, that the Code does not list the Superior of a Mission among the Ordinaries; but it must be observed that, though the Mission *sui iuris*, as a juridical institution, cannot be called a creation posterior to the Code, still, while there existed some Missions *sui iuris* before, it was only after the promulgation of the Code that the practice developed and became established in the Sacred Congregation of Propaganda of erecting such Missions with a determinate territory and a proper ecclesiastical Superior".
21. CpR.M, XVIII (1937), 177.

CHAPITRE IV

RELATIONS CANONIQUES DES DIFFERENTS SUPERIEURS VIS-A-VIS DES MISSIONNAIRES

Dans ce deuxième chapitre, nous préciserons les relations canoniques des différents Supérieurs vis-à-vis des missionnaires surtout à la lumière de l'Instruction de la Sacrée Congrégation de la Propagande publiée le 8 décembre 1929. Elle s'adressait aux Vicaires et Préfets apostoliques et aux Supérieurs d'Instituts à qui le Saint-Siège a confié des missions. Quand nous parlerons des Chefs ecclésiastiques ou des Supérieurs de missions, nous entendrons les Vicaires et les Préfets apostoliques et les Supérieurs de Mission autonome ou « sui iuris » .

ARTICLE I: OBSERVATIONS PRELIMINAIRES

Avant d'entreprendre cette étude, il est bon de se rappeler des faits d'une importance capitale au point de vue de l'organisation et du gouvernement du monde missionnaire.

1. A l'heure actuelle, l'apostolat dans tous les territoires de missions est réservé immédiatement au Souverain Pontife d'après le canon 1350, § 2. D'où il suit que la dépendance du Chef de missions vis-à-vis du pape est plus complète que celle de l'Evêque diocésain. Les circonscriptions missionnaires varient beaucoup; elles suivent les nécessités de l'apostolat. Ces Chefs de missions reçoivent de nombreux pouvoirs délégués, auxquels indirectement participent les missionnaires.[1]

2. En outre, aujourd'hui, les différentes circonscriptions missionnaires sont confiées à des Familles religieuses et à des Instituts missionnaires. Le Chef de Missions sera invariablement choisi parmi les membres de cette Famille ou Institut. De son côté, l'Institut devra fournir dans la mesure du possi-

---

1. Gérin, *Le Gouvernement des Missions*, p. 210.

ble le personnel et les ressources nécessaires à l'évangélisation du pays confié à ses soins. Mais, le Saint-Siège garde la liberté quand il le jugera bon de lui retirer une Mission en tout ou en partie pour la remettre au clergé indigène ou encore à un autre Institut.[2]

3. Le Saint-Siège n'entend pas se désister de son droit souverain sur la Mission quand il la confie à un Institut. Il ne la lui abandonne pas d'une façon complète et absolue. Il se réserve la part principale dans l'action de l'évangélisation. Voici d'ailleurs les mots propres de l'Instruction de la Propagande du 8 décembre 1929:

« Ecclesia porro, alicui Instituto regionem aliquam evangelizandam committens, non intendit illum terræ tractum plane ac omnino relinquere curis illius Instituti. Iussui divino, cui deesse non potest, obtemperans, partem principalem, totum scilicet regimen missionis sibi retinet, ab Instituto adiutore generosum auxilium exspectans operariorum evangelicorum et mediorum ad opus exsequendum » .[3]

4. Le Chef de Mission dépendra donc non plus de l'Institut, mais bien du Saint-Siège, de qui il tient sa nomination. Il reçoit ses ordres de Rome. La ligne de conduite à suivre lui est tracée par le Saint-Siège, non pas par ses Supérieurs religieux.[4]

5. Mais, pour que tout fonctionne bien, il est de souveraine importance qu'il existe des sentiments de grande cordialité entre l'Institut et le Chef de Missions. L'entente mutuelle ne pourra que produire un profond dévouement à l'oeuvre et une plus abondante contribution en ressources et en personnel à l'évangélisation.[5]

---

2. Gérin, *Le Gouvernement des Missions*, p. 211; Bartoccetti, "De fontibus Iuris Missionarii exceptionalis" — *Ius Pontificium* (1935), XV, 282-285.
3. *AAS*, XXII (1930), 111-112.
4. Instruction citée, — *AAS*, XXII (1930), 112.
5. Instruction citée, — *AAS*, XXII (1930), 112.

ARTICLE II: RELATIONS CANONIQUES DU CHEF ECCLESIASTIQUE VIS-A-VIS DES MISSIONNAIRES

Afin de mieux faire ressortir les relations canoniques entre le Chef ecclésiastique et les missionnaires, nous allons étudier les points suivants: le gouvernement des missions, l'érection des quasi-paroisses, l'érection des stations de missions, le personnel de la Mission, le Conseil de la Mission, les Synodes de la Missiòn, le renvoi d'un missionnaire, le pouvoir des Supérieurs de Missions de forcer les religieux à prendre charge d'âmes, la visite canonique de ces Chefs de Missions, le culte divin, la prédication sacrée, l'administration des sacrements, les écoles, les ressources matérielles de la Mission.

A. Gouvernement des Missions

Les Vicaires apostoliques, les Préfets apostoliques et les Supérieurs de Missions autonomes jouissent, dans leur territoire, des mêmes droits et des mêmes pouvoirs que les Evêques résidentiels dans leur diocèse, à moins que le Saint-Siège n'ait fait quelque exception. Leur juridiction est ordinaire, mais vicariale, puisqu'elle s'exerce au nom du Souverain Pontife.[6]

Ils possèdent donc le triple pouvoir législatif, judiciaire et coercitif, mais toujours en conformité avec les saints canons du Code de Droit canonique.[7] Le droit de correction contient le droit de punition, même par censures — v.g., cc. 2220 2226, 603, § 2. Mais, il faut se souvenir des immunités spéciales accordées aux Réguliers par des privilèges.[8] D'après le canon 336, § 1, l'Ordinaire de Missions doit veiller à ce que les lois de l'Eglise soient observées dans son territoire.

Il possède de plus plein pouvoir administratif. Toute l'activité missionnaire dans le territoire qui lui est confié, lui appartient et il en a le contrôle. Il décide quelle voie et quelle méthode devront être suivies; il établit les postes de missions, ouvre les écoles élémentaires et supérieures, fonde des orphe-

6. Cf. canon 294, § 1 et canon 198, § 1.
7. Cf. canon 335, § 1.
8. Vermeersch-Creusen, *Epitome*, I, n. 409.

linats, des asiles, des hôpitaux, des dispensaires; il érige des chapelles et des églises; il fixe le fonctionnement, la durée et le « curriculum » du catéchuménat; il juge de la science suffisante et de l'idonéité des catéchistes. Sans lui, personne, quelle que soit son autorité, ne peut établir ou changer ou supprimer aucune oeuvre dans la mission. Voilà encore l'enseignement de l'Instruction de la Propagande du 8 décembre 1929.[9] Mais, le Chef de Missions ne peut pas aller contre le droit commun, c'est-à-dire qu'il ne peut ni défendre ce qui est permis expressément par son Supérieur, ni permettre ce que le même Supérieur défend d'une manière certaine, ni régler d'une manière différente ce que le droit commun a réglé par le détail.[10]

Si ce Chef ecclésiastique édicte des lois, elles obligent dès l'instant de leur promulgation, à moins qu'elles ne renferment une disposition contraire. C'est l'Ordinaire de Missions lui-même qui en détermine le mode de promulgation.[11]

Outre les pouvoirs ordinaires attachés à leur office, les Chefs ecclésiastiques de Missions possèdent des pouvoirs délégués qu'ils ont reçus de la Propagande, et qu'ils peuvent sous-déléguer dans la plupart des cas, sans pouvoir cependant accorder à d'autres le pouvoir de sous-déléguer.[12]

Pour ce qui est du pouvoir de magistère, le canon 1326 s'applique aux Chefs de Missions. Bien que considérés chacun en particulier, ou même réunis en Concile particulier, ils ne jouissent pas de l'infaillibilité doctrinale, cependant, sous l'autorité du Souverain Pontife, ils sont de vrais docteurs ou maîtres pour les fidèles confiés à leurs soins.[13]

C'est aussi la charge des Chefs de Missions de régler tout ce qui concerne l'enseignement de la doctrine chrétienne dans leur territoire. Même les religieux exempts sont obligés d'ob-

9. *AAS*, XXII (1930), 112.
10. Cance, *Le Code de Droit Canonique*, I, 324.
11. Cf. canon 335, § 2.
12. Cance, *Le Code de Droit Canonique*, I, 297; cf. aussi canon 199, § 5; Vermeersch-Creusen, *Epitome*, I, n. 416.
13. Cf. canon 1326.

server les règlements de l'Ordinaire chaque fois qu'ils enseignent la doctrine chrétienne aux personnes non exemptes.[14]

B. *Erection des quasi-paroisses*

Après la promulgation du Code, les Vicaires et les Préfets apostoliques envoyèrent à la Propagande plusieurs questions relatives aux quasi-paroisses et à leur érection en particulier. Le 25 juillet 1920 cette Sacrée Congrégation publia une Instruction qui donnait les précisions demandées et unifiaient l'action des Ordinaires de Missions.[15]

Aussitôt que les circonstances le permettent, le territoire des Vicariats et Préfectures apostoliques doit être divisé en secteurs ayant chacun son propre pasteur, sa propre population et sa propre église, selon le canon 216, § 2. Mais, il faut procéder avec prudence et après sérieuse considération. Le Chef ecclésiastique regardera avant tout le bien des âmes et l'expansion de la vie catholique dans la mission. Dans une telle affaire, les Ordinaires auront soin de prendre l'avis de leur Conseil (au moins par lettres), comme le demande le canon 302, ou encore de l'assemblée des principaux missionnaires de leur territoire, selon le canon 303.

Mais, continue l'Instruction, il n'est pas non plus nécessaire, ni à conseiller d'attendre que pour agir ainsi, la Mission toute entière soit en état d'être canoniquement érigée en quasi-paroisses; qu'on procède graduellement.

Cette érection se fera par un décret de l'Ordinaire, lequel déterminera d'une façon claire les limites du territoire, ou, si c'est impossible, au moins indiquera quelles sont les chrétientés qui appartiennent à la quasi-paroisse. En plus, il désignera l'église principale et la résidence du quasi-curé. Deux exemplaires de ce décret seront faits, un pour les archives de la préfecture ou du vicariat, l'autre pour celles de la quasi-paroisse.[16]

---

14. Cf. canon 1336.
15. *AAS*, XII (1920), 331-332.
16. *AAS*, XII (1920), 331-332.

L'Instruction nous signale en outre les effets de cette érection. D'abord, tous les droits et devoirs des quasi-pasteurs conformément au Code de Droit canonique deviennent effectifs.[17] En plus, la quasi-paroisse devient une personne morale non-collégiale dans l'Eglise et acquiert la capacité juridique avec toutes ses conséquences.[18]

Les canons 1095 et 1096 s'appliquent dans les quasi-paroisses dès le moment de leur érection. Là où les quasi-paroisses ne sont pas constituées, les missionnaires doivent être regardés comme les vicaires coopérateurs du Vicaire ou du Préfet apostolique. Alors, avec permission générale de l'Ordinaire, ils assistent validement et licitement aux mariages « proinde cum licentia generali ab Ordinario concessa valide et licite adsistunt matrimoniis » .[19]

Dès le moment de l'érection d'une quasi-paroisse, toutes les églises, les chapelles, les oratoires, placés dans les limites de la quasi-paroisse deviennent subsidiaires de celle-ci et demeurent sous sa dépendance jusqu'à leur érection en quasi-paroisses ou encore jusqu'à leur exemption en conformité avec le canon 464.

Enfin, le Propagande recommande fortement de diviser le vicariat ou la préfecture apostolique en districts comprenant chacun plusieurs quasi-paroisses « ut ita Vicariatus foranei adumbrentur atque aptius regimini et administrationi missionis provideatur » . A la tête de chaque district, l'on préposera un prêtre, « ad instar Vicarii Foranei » . [20]

Est-ce que le décret d'érection d'une quasi-paroisse est nécessaire à la validité ou non ? Les auteurs ne s'entendent pas sur ce point. Parmi ceux qu'on trouve du côté de l'affirmative, on rencontre Michiels et surtout Jombart.[21]

---

17. Cf. cc. 451, § 2; 454, § 4; 456; 459; 461; 1356; 306; 462 et les suivants.
18. Gérin, *Le Gouvernement des Missions*, p. 240.
19. *AAS*, XII (1920), 332.
20. *AAS*, XII (1920), 331-333; Gérin, *Le Gouvernement des Missions*, p. 238-240; S. C. de Prop. Fide, instr. (ad Vic. Ap. Sin.), 18 oct., 1883, ad XII — *Coll. S. C. P. F.*, n. 1606 aussi cn. 217; Fontes, n. 4903.
21. Michiels, *Principia generalia de personis en Ecclesiis* (Lublini 1932), p. 352; Jombart, *Periodica*, XIX (1933), 123.

Voici ce que Jombart apporte entre autres arguments. Les différentes Instructions de la Propagande demandent toujours ce décret, spécialement l'Instruction du 9 décembre 1920, qui prescrit d'employer la forme demandée par l'Instruction de cette même Congrégation du 25 juillet de la même année; en plus, la nécessité de ce décret pour la validité concorde avec le canon 100, § 1; enfin, dit-il, la Sacrée Congrégation des Religieux, le 30 novembre 1922 déclare que pour ériger une Congrégation religieuse en personne morale, il est requis que cette érection soit faite par un décret formel de l'Ordinaire; or par analogie le même décret est requis pour l'érection d'une paroisse. Tout ceci dit-il, prouve que la Propagande demande ce décret pour la validité de l'érection d'une quasi-paroisse.

Voici ce qu'on peut répondre à ces objections. Dans une réponse de la Sacrée Congrégation du Concile du 5 mars 1932, il est soutenu que l'érection d'une paroisse sans décret formel de l'Ordinaire n'est pas considérée comme invalide.[22]

En plus, les actes ne sont tenus pour invalides que si leur invalidité est clairement déclarée d'une façon expresse ou équivalente.[23] Or cette dernière condition ne se vérifie pas dans le cas donné. D'autre part, la personnalité juridique se produit de deux façons: par un décret formel ou par une prescription du droit.[24] Quand elle provient de la loi, elle est parfois accordée d'une façon expresse, parfois d'une façon indirecte, par exemple par le fait que l'institut ou l'association est déclaré capable de droit, comme il arrive aux canons 324, 531 et autres. C'est aussi le cas de la quasi-paroisse dans les territoires de missions,[25] mais non cependant de la « *statio* missionalis » , qui, comme il est dit plus bas, n'est pas prévue par le Code.

22. *AAS*, XXV (1933), 437.
23. Cf. canon 11 et canon 1680, § 1.
24. Cf. canon 100, § 1.
25. *AAS*, XXV, (1933), 437; Masarei, *De Missionum Institutione ac de Relationibus inter superiores Missionum et Superiores Religiosos* (Romae, 1940), p. 188 (à l'avenir ce livre sera cité ainsi: *De Missionum Institutione).*

Enfin, on ne saurait conclure à la nécessité du décret pour la validité de l'érection de la quasi-paroisse en se basant sur l'analogie avec d'autres canons. En effet, les canons cités par l'opinion adverse se rapportent à des personnes morales spécifiques. Il n'est pas permis d'attribuer par analogie à une personne morale ce qui a été statué pour une autre.[26]

C. *Erection des stations de missions*

Dans l'Instruction de la Propagande en date du 8 décembre 1929, on trouve l'expression « *statio missionnalis* » ; le même mot est employé aussi dans d'autres Instructions de la même Congrégation. Cependant, on ne le trouve nulle part dans le Code. Il est bon de se demander quelle est la figure juridique exacte de cette division territoriale.

En fait, la station tient lieu de quasi-paroisse. Quand la mission sera plus développée, elle cédera la place à la quasi-paroisse qu'elle précède. Pour découvrir sa figure juridique précise, il reste à savoir si un décret d'érection a eu lieu en conformité avec le canon 100, § 1, ou non.

S'il a eu lieu, la station est une personne morale juridique, un office, bien que non nécessairement un bénéfice, à moins que le décret ne l'ait statué.[27] Sinon, elle n'est pas une personne morale juridique, bien qu'elle en ait les apparences.[28]

Dans les régions qui ne sont pas divisées en quasi-paroisses, tous les missionnaires sont censés être les coopérateurs du Chef ecclésiastique.[29]

---

26. Masarei, *De Missionum Institutione*, p. 188.
27. Masarei, *De Missionum Institutione*, p. 183; "Defectus perpetuitatis notioni officii non obstat. "Stabilitas sufficiens provenit ex erectione per competentem auctoritatem facta, sui praeficitur titularis, eoque deficiente officium dicitur vacare et alius titularis ipsi est praeficiendus". — Wernz-Vidal, *Ius Canonicum*, II, De Personis (3. ed., Romae: Apud Aedes Universitatis gregorianae, 1943), p. 194.
28. Masarei, *De Missionum Institutione*, p. 183.
29. Instruction de la Propagande du 25 juillet 1920 — *AAS*, XII (1920), 332.

D. *Personnel de la Mission*

Les Chefs de Missions peuvent conclure avec les Instituts religieux des deux sexes des conventions qui préciseront et concilieront les droits respectifs des deux autorités. Généralement, ces accords, pour obtenir plus d'autorité et de fermeté, ont coutume d'être soumis à la S. C. de la Propagande. Mais, quand le Saint-Siège y a donné son approbation, rien ne saurait y être changé soit par l'Ordinaire, soit par l'Institut, soit par les deux à la fois. Car, nous dit Gérin, « c'est une règle constante en droit qu'un statut, ayant reçu la sanction canonique d'une autorité supérieure, ne saurait être modifié par une autorité inférieure, sans une nouvelle intervention de la première » . [30]

Il n'est pas non plus défendu, continue l'Instruction du 8 décembre 1929, d'ériger dans les territoires de missions des maisons religieuses, même exemptes, bien plus des provinces religieuses. Il faudra cependant observer tout ce que le Code prescrit pour cela. La Propagande favorise ces fondations, non seulement parce qu'elles concordent avec les désirs du Saint-Père, mais aussi parce qu'elles sont d'un grand secours, spécialement là où il est question de confier une mission au clergé indigène. Le Chef de Missions a alors les mêmes droits, dans la mesure où ils sont applicables, que le Code donne aux évêques pour ce qui concerne ces Instituts.[31]

Les Chefs de Missions ne jouissent pas de la liberté des Evêques diocésains quand il s'agit d'admettre un sujet étranger dans leur clergé. Si le Saint-Siège, à qui d'ailleurs revient la responsabilité directe et universelle de l'évangélisation, leur envoie des missionnaires, ils sont tenus de les accepter.[32] Et ceci en raison du quasi-contrat passé entre l'Institut et le

30. *AAS*, XXI (1930), 113; Gérin, *Le Gouvernement des Missions*, p. 214; cf. aussi canon 410.
31. *AAS*, XXII (1930), 113.
32. Cf. canon 1350, § 2; Masarei, *De Missionum Institutione*, p. 240; cf. aussi le chapitre V.

Saint-Siège. Il faut toujours se souvenir que le pouvoir du Chef de Mission bien qu'ordinaire, n'est que vicarial.[33]

Mais quand il nomme ou qu'il change les supérieurs de poste ou encore quand il destine les missionnaires à différents postes ou charges, le Supérieur de Mission doit agir de concert avec le Supérieur religieux. De fait, ce dernier est généralement mieux en état de connaître le caractère de ses sujets., leurs aptitudes, leurs talents et leurs vertus. Aussi, le Supérieur religieux proposera-t-il les supérieurs de postes et les différents sujets aptes à remplir les diverses charges. Le Supérieur de Mission fera les nominations au meilleur de son jugement devant Dieu. De leur côté, les Supérieurs religieux approuveront et soutiendront les décisions et les entreprises du Chef ecclésiastique auprès de leurs sujets, défendront son autorité et feront tous leurs efforts pour que tous lui montrent toujours une parfaite obéissance et un grand respect.[34]

De tous les missionnaires, même religieux, les Chefs ecclésiastiques peuvent et doivent exiger la présentation des lettres patentes ou autres lettres qui sont pour ces missionnaires le titre de leur mission, destination constitution ou députation. A ceux qui refusent de les montrer, ils peuvent et doivent interdire tout ministère.[35]

En outre, tous les missionnaires, même les réguliers, doivent demander au Chef de Mission l'autorisation d'exercer le saint ministère. Cette permission, cependant, ne doit pas être refusée si ce n'est pour des cas particuliers (et non pas à tous les membres de tel ou tel Institut) et pour un motif grave.[36]

Quand il s'agit de quasi-paroisses confiées à des religieux, le Supérieur religieux, qui, selon les Constitutions de l'Institut, est compétent pour proposer un prêtre de sa religion, présente un sujet comme quasi-curé à l'Ordinaire du lieu. Celui-

---

33. Masarei, *De Missionum Institutione*, p. 242.
34. Instruction de la Propagande du 8 décembre 1929 — *AAS*, XXII (1930), 114.
35. Cf. canon 295, § 1.
36. Cf. canon 295, § 2.

ci, après avoir apprécié les qualités du candidat, à la lumière du canon 459, § 3, lui donne l'institution canonique.[37]

Pour la nomination des vicaires coopérateurs, le Supérieur religieux compétent, après avoir pris l'avis du quasi-curé, présente un candidat, à l'Ordinaire du lieu; celui-ci l'approuve. Cette présentation ne donne cependant aucun droit à l'office, ni ne confère aucune charge d'âmes.[38]

D'après le canon 20, il semble qu'il faille suivre la même norme pour nommer les titulaires et les vicaires coopérateurs dans les postes qui ne sont pas encore érigés canoniquement en quasi-paroisses, car, pour suppléer aux lacunes de la loi, il faut recourir aux lois canoniques portées pour des cas semblables.[39]

De tout ce qui précède, on voit que le Chef de Missions doit avoir directement le contrôle des missionnaires en tant qu'ouvriers apostoliques. Il a autorité non seulement sur les missionnaires au sens strict, c'est-à-dire ceux qui se vouent directement à la prédication de l'Evangile et à la conversion des âmes, mais aussi sur les prêtres qui de toute autre façon exercent dans son territoire leur activité missionnaire et sur les frères laïques qui s'y adonnent au travail apostolique. Il est bien entendu qu'il peut en être autrement à la suite des conventions faites entre les Instituts et les Chefs ecclésiastiques.[40]

Mais, l'Instruction de la Propagande en date du 8 décembre 1929, ne laisse rien entendre du pouvoir qu'aurait le Chef de Missions de disposer à son gré de l'activité apostolique des Religieuses. Aussi plusieurs doutes furent-ils proposés à ce sujet à la Sacrée Congrégation de la Propagande par le Procureur Général de la Pieuse Société des Missions (Pallotins). Les voici:

« 1. An inter « missionarios », de quibus edicit Instruc-

37. Cf. cc. 456 et 451, § 2, 1°.
38. Cf. canon 476, § 4.
39. Cf. canon 20.
40. Instruction de la Propagande du 8 décembre 1929 — *AAS*, XXII (1930) 113.

tio S. C. de Propaganda Fide anno 1929 die 8 decembris edita, eos subesse dispositioni Ordinarii loci, computandæ quoque sint sorores, in opere missionali educationis, scholari vel alio occupatæ.

« 2. An quoad actionem missionalem sororum Superioris ecclesiastici sit dare decisionem definitivam, audito iudicio et consilio Superiorissæ competentis, v.g. quoad destinationem sororum ad scholas vel ad formandam quocumque alio modo iuventutem.

« 3. An licit Superiori Ecclesiastico, audita Superiorissa competente, transferre sororem in aliam stationem, quæ ad opus ibi exercendum specialiter idonea vel necessaria est.

« 4. Num, non obstante can. 611 et Instructione S. C. P. F. supra citata, Superiorissa prohibere possit, quominus epistolæ sororum missionis sibi subditarum eleemosynam pro missione petentes benefactoribus transmittantur per ipsum Superiorem ecclesiasticum.

« 5. An in casu dissensus inter iudicium Ordinarii loci et Superiorissæ quoad res prædictas prævaleat auctoritas Ordinarii necne. » [41]

Voici ce que la Propagande a répondu, le 12 décembre 1936: « Ad primum, negative; ad cetera quatuor, standum est præscriptionibus ss. canonum et constitutionibus sororum ». De cette réponse, il ressort que les Ordinaires de Missions n'on pas plus d'autorité sur les Religieuses que les Ordinaires diocésains. Ils doivent se conformer aux prescriptions du droit commun et aux Constitutions. Cependant, il faut aussi tenir compte des conventions particulières passées entre l'Institut et le Chef ecclésiastique.

Il importe donc de distinguer entre les Instituts de droit pontifical et ceux de droit diocésain. Ces derniers restent pleinement soumis à la juridiction des Ordinaires conformément au droit d'après le canon 492, § 2. Toutefois même si l'autorité des Ordinaires s'étendait à la discipline religieuse,

41. *Sylloge*, n. 203; Gérin, *Le Gouvernement des Missions*, p. 219; Masarei, *De Missionum Institutione*, p. 248.

en fait elle ne s'exercerait qu'avec prudence de peur de rendre la condition des Supérieures intolérable et de les priver de toute autorité effective.[42]

Pour ce qui est des Instituts de droit pontifical, le pouvoir des Ordinaires est réglé surtout par les canons 500, 618, et les Constitutions des Instituts. Ainsi, la destination des Soeurs soit aux écoles, soit à d'autres oeuvres missionnaires, relève de la Supérieure religieuse, à moins que les Constitutions ne concèdent explicitement ce pouvoir à l'Ordinaire. Mais, la Supérieure, à moins qu'elle n'ait de graves raisons de s'y opposer, écoutera volontiers les conseils de l'Ordinaire, quand il lui indiquera quels sont les dons et les aptitudes requis pour remplir telle ou telle charge. Cependant, l'Ordinaire a autorité pour ordonner à la Supérieure de retirer d'une oeuvre une religieuse incompétente ou de transférer une religieuse qui se trouve dans une situation dangereuse pour elle. Le bien commun de la mission doit entrer en toute première ligne de compte. Enfin, en cas de conflit sur l'interprétation des saints canons ou des Constitutions, le jugement de l'Ordinaire doit prévaloir. La Supérieure, cependant, jouit toujoaurs du droit de recours dévolutif au Saint-Siège.[43]

E. Conseil de la Mission

Pour que le Chef ecclésiastique trouve une aide dans le gouvernement des Missions, le Code, au canon 302, lui demande de constituer un Conseil de mission. Ce Conseil devra se composer d'au moins trois missionnaires, choisis parmi les plus anciens et les plus sages de la mission. Il doit être consulté, au moins par lettres dans les affaires plus graves et plus difficiles.[44]

---

42. Masarei, *De Missionum Institutione*, p. 249. Si l'Ordinaire est en même temps Supérieur religieux d'un Institut de droit diocésain, il exerce alors le pouvoir dominatif sur lui. Regatillo, *Institutiones Iuris Canonici*, I, 322.
43. Annotations au rescrit de la Propagande du 12 décembre 1936, "*De auctoritate Ordinarii loci in sorores operi missionali addictas* — Ellis, *Periodica*, XXVI (1937), 480.
44. Cf. canon 302.

Est-ce que cette consultation est requise pour la validité de l'acte ? Les auteurs ne sont pas d'accord sur cette question. Tout dépend de l'interprétation du canon 105, § 1. Plusieurs prétendent que cette consultation est requise pour la validité; tandis que d'autres adoptent l'opinion de Vermeersch qui soutient qu'elle n'est demandée que pour la licéité de l'acte. Le doute a été soumis à la Commission d'Interprétation du Code, mais aucune réponse n'a encore été donnée. En pratique, aussi longtemps que le Saint-Siège ne se sera pas prononcé, on ne peut pas considérer comme nul un acte du Chef de Mission pour le seul fait que la consultation a été omise.[45]

Il est à noter qu'il ne suffit pas que le Chef ecclésiastique consulte trois ou quatre missionnaires même très prudents, choisis éventuellement suivant les affaires qui se présentent; mais, le Code lui demande d'établir un Conseil permanent et de le consulter. Les questions plus graves et plus difficiles qui doivent être soumises au Conseil semblent être, par analogie, celles où l'Evêque résidentiel doit consulter son Chapitre; entre autres, la nomination des quasi-curés; l'érection des quasi-paroisses, des stations de missions, des églises, des collèges, des écoles; le renvoi d'un missionnaire par suite d'un scandale public; les cas les plus importants dans les questions d'administration des biens temporels.[46]

Différentes Instructions de la Propagande parlent de l'importance d'établir un Conseil d'administration des biens temporels. Mais, le Conseil de la Mission peut tenir lieu du Conseil d'administration. La délibération en commun n'est pas strictement exigée.[47]

---

45. Coronata, *Institutiones Iuris Canonici ad Usum Utriusque Cleri et Scholarum* (5 vols., Romae: Marietti, 1936-1945; Vol. I, 2. ed., 1939), I, 187, note 8 (à l'avenir cet ouvrage sera cité ainsi: *Institutiones*). Cf. aussi canon 15.

46. Coronata, *Institutiones*, I, 453; Gérin, *Le Gouvernement des Missions*, p. 233; cf. aussi les canons 301, § 2; 457; 459; 1520, § 3; 1530-1532, etc.

47. Vermeersch-Creusen, *Epitome*, I, n. 421.

F. Assemblée des Missionnaires

Au moins une fois l'an, les Chefs ecclésiastiques, dans la mesure où le permettront les circonstances opportunes, réuniront les missionnaires religieux ou séculiers de leur territoire ou du moins les principaux d'entre eux, afin qu'ils puissent voir ce qu'il y a de mieux à faire à la lumière de leur expérience et de leurs conseils.[48]

G. Synodes de la Mission

Ce qui est dit dans les canons 356 à 362 pour les Synodes diocésains s'applique « *congrua congruis referendo* » aux Synodes des Vicariats apostoliques. Mais aucune époque déterminée n'est fixée pour la tenue de ces Synodes.[49]

Pour ce qui est des Préfectures apostoliques et des Missions autonomes, le Code garde le silence. Il n'y a donc aucune obligation d'y réunir un Synode. Rien n'empêche qu'on en puisse tenir un. S'il y en a un, l'Assemblée des missionnaires n'est pas, semble-t-il, nécessaire cette année-là.[50]

On y traitera de ce qui est nécessaire ou utile au clergé et au peuple.[51] Voici, entre autres, les questions qui pourront y être étudiées: Les prières publiques, les allocutions et les sermons; les cas à être réservés; les offrandes d'honoraires de messes et les abus qui pourraient se produire sur cette question. On y procèdera à l'élection des juges synodaux et des examinateurs synodaux et à la nomination des autres officiers de la curie quasi-diocésaine.[52]

Le Chef de Missions seul peut convoquer le synode, et non pas le Vicaire délégué, sans mandat spécial.[53] Tous ceux qui sont convoqués au Synode doivent s'y rendre, à moins qu'ils ne

---

48. Cf. canon 303.
49. Cf. canon 304, § 2.
50. Coronata, *Institutiones*, I, 453.
51. Cf. canon 356, § 1.
52. Winslow, *Vicars and Prefects Apostolic*, The Catholic University of America Canon Law Studies, n. 24 (Washington D. C.: The Catholic University of America, 1924), p. 52; cf. aussi canons 1574; 385; 831, § 1; 895; 356.
53. Cf. canon 357, § 1.

soient légitimement empêchés; ils ne peuvent, en cas d'empêchement légitime, envoyer un représentant qui assiste en leur nom au Synode, mais doivent faire connaître à l'Evêque ce qui les empêche d'être présents à l'assemblée. Le Chef de Mission peut contraindre par de justes peines et punir ceux qui négligent de venir au Synode, à l'exception des religieux exempts qui n'exercent pas le ministère paroissial.[54]

Avant l'ouverture du Synode le Chef de Mission peut, s'il le juge opportun, nommer une ou plusieurs commissions composées de clercs du quasi-diocèse et chargées de préparer les matières à être étudiées pendant le Synode.[55] Mais, avant les sessions synodales, le Chef de Mission fera communiquer le projet des Statuts aux membres du Synode qui ont répondu à la convocation.[56]

Seul le Chef de Missions est législateur dans le Synode, seul il signe les constitutions synodales. Les autres membres de l'assemblée n'ont que voix consultative. Les règlements statués par le Synode, ont force de loi s'ils sont promulgués au Synode, à moins qu'il n'en soit décidé autrement d'une manière expresse.[57]

Nous n'avons pas à parler ici des Conciles soit pléniers ou régionaux, car ils ne rentrent pas dans les relations des Chefs ecclésiastiques des pays de missions vis-à-vis des missionnaires, mais bien dans les relations des Ordinaires entre eux.

H. Renvoi d'un missionnaire

De même que le Chef ecclésiastique est tenu d'accepter les missionnaires que la Propagande lui envoie, de même aussi il ne peut, sans avoir consulté le Saint-Siège, donner aux missionnaires envoyés par Rome, la permission de quitter pour toujours le vicariat ou la préfecture ni de passer définitivement dans un autre vicariat ou préfecture: il ne peut non plus les renvoyer en aucune manière.[58]

54. Cf. canon 359.
55. Cf. canon 360, § 1.
56. Cf. canon 360, § 2; Cance, *Le Code de Droit Canonique,* I, 341.
57. Cf. canon 362; Cance, *Le Code de Droit Canonique,* I, 342.
58. Cf. canon 307, § 1; Cance, *Le Code de Droit Canonique,* I, 301.

Cependant, dans un cas de scandale public, il peut, après avoir pris l'avis de son Conseil (au moins par lettres) et s'il s'agit de religieux, après avoir averti dans la mesure du possible leur Supérieur, renvoyer immédiatement un missionnaire, en ayant soin d'en informer aussitôt le Saint-Siège.[59]

Pour des raisons très graves, et le Supérieur de Missions et le Supérieur religieux ont cumulativement le droit de changer un missionnaire de poste ou d'office, sans qu'aun des deux ait besoin du consentement de l'autre, de plus, aucun d'eux n'est tenu de donner à l'autre les motifs d'action, encore moins de les lui faire agréer. Mais chacun a toujours le droit d'un recours dévolutif au Saint-Siège.[60]

Si le Supérieur de Missions apprend qu'un de ses missionnaires a manqué gravement à son devoir, il peut prendre contre lui les mesures opportunes et lui infliger les peines qu'il mérite. Cependant, le Supérieur religieux a dans ce cas, un droit cumulatif avec le Chef de Missions. Si les décisions de ces Supérieurs ne concordent pas, le décret de l'Ordinaire doit prévaloir.[61]

I. Pouvoir d'obliger les religieux à prendre charge d'âmes

Quand les prêtres séculiers ne sont pas en nombre suffisant, le Chef ecclésiastique peut forcer les religieux même exempts attachés au Vicariat, à la Préfecture ou à la Mission « *sui iuris* », à se livrer au ministère pastoral. Auparavant, il devra prendre l'avis du Supérieur religieux. En plus, il lui faut tenir compte des statuts particuliers qui pourraient contenir des dispositions contraires et qui auraient été approuvés par Rome.[62]

Pour qu'un religieux, même exempt, soit forcé à prendre charge d'âmes, il faut donc quatre conditions:

---

59. Cf. canon 307 § 2.
60. Cf. Instruction de la Propagande du 8 décembre 1929. — *AAS*, XXII (1930), 115.
61. Cf. Instruction de la Propagande du 8 décembre 1929 — *AAS*, XXII (1930), 115.
62. Cf. canon 297.

1. Le Supérieur religieux devra être consulté; mais, le Chef ecclésiastique reste libre de ne pas suivre l'avis de ce dernier.

2. Les prêtres du clergé séculier (missionnaires étrangers ou indigènes) ne sont pas en nombre suffisant. C'est au Chef ecclésiastique que revient de juger de l'existence de cette condition.

3. Il doit s'agir de religieux attachés au Vicariat, à la Préfecture ou à la Mission autonome, c'est-à-dire voués à des oeuvres qui ne sont pas soustraites à la juridiction de l'Ordinaires. Ainsi, on ne peut pas considérer comme attaché au Vicariat un religieux envoyé là pour y exercer une charge de sa religion v. g. celle de supérieur ou professeur dans un collège exempt.

4. Les conventions passées entre l'Institut et le Saint-Siège devront être respectées ,même si elles contiennent des prescriptions contraires. Ainsi, il peut se faire qu'un monostère soit établi avec clause qu'aucun religieux ne pourra en sortir pour aucun prétexte ou pour aucune raison.[63]

J. *Visite canonique des Chefs ecclésiastiques*

Les Chefs ecclésiastiques doivent gouverner leur territoire de la façon la plus parfaite possible. Le meilleur moyen mis à leur disposition pour savoir si tout fonctionne comme ils le voudraient et pour remettre tout en ordre, c'est bien la visite canonique. En plus, le bien commun demande cette visite; sans elle, la discipline se relâcherait fatalement. D'ailleurs les raisons que le Code nous donne comme but de la visite de l'évêque diocésain nous font bien voir son utilité: « Afin de conserver la saine doctrine, de défendre les bonnes moeurs, de corriger les vices, de promouvoir dans le clergé et dans le peuple la paix, l'innocence, la piété, la discipline et de prendre toutes les mesures demandées par les circonstances pour le bien de la religion, l'Evêque . . . »[64]

---

63. Vermeersch-Creusen, *Epitome,* I, 410; Gérin, *Le Gouvernement des Missions,* p. 216.
64. Cf. canon 343, § 1; Cance, *Le Code de Droit Canonique,* I, 332.

Chaque fois qu'il en est besoin, les Chefs ecclésiastiques doivent, par eux-mêmes, ou, s'ils sont légitimement empêchés, par un autre, visiter la région qui leur est confiée et, dans cette visite, examiner tout ce qui concerne la foi, les bonnes moeurs, l'administration des sacrements, la prédication de la parole de Dieu, l'observation des fêtes, le culte divin, l'éducation de la jeunesse et la discipline ecclésiastique.[65]

Le Code ne fixe aucun temps pour ces visites, il est laissé à la prudente discrétion du Chefs ecclésiastique. De plus, le Code ne donne aucune précision sur les personnes, les choses et les lieux soumis à cette visite; rien n'est indiqué relativement à la manière de la faire. Par contre, le canon 294, § 1, établit que les Vicaires et les Préfets apostoliques jouissent des mêmes droits que les Evêques résidentiels dans leur diocèse. On recourra donc opportunément aux normes communes portées pour les Evêques résidentiels sur ce sujet, tout en tenant compte du droit missionnaire.[66]

Le Chef ecclésiastique pourra donc prendre avec lui deux clercs pour l'accompagner ou l'aider. Il prendra qui il veut, sans qu'on puisse lui objecter une coutume ou un privilège contraires. Il peut même choisir un prêtre indigène. Mais, les religieux exempts ne peuvent être forcés à remplir cette charge.[67]

Les personnes soumises à la visite sont d'abord les prêtres du Vicariat, de la Préfecture, de la Missions autonome, surtout ceux qui ont charge d'âmes. Le Chef ecclésiastique s'informera surtout de leur conduite, de la fréquence de leur confession, de la fidélité à remplir les obligations découlant des honoraires de messes reçus.[68]

Si le Chef ecclésiastique le juge expédient, il peut aussi examiner les fidèles dans le but de se renseigner sur le quasi-

---

65. Cf. canon 301, § 2.
66. Winslow, *Vicars and Prefects Apostolic*, p. 38.
67. Cf. canon 343, § 2; Vermeersch-Creusen, *Epitome*, I. n. 458; cf. aussi canon 615.
68. Winslow, *Vicars and Prefects Apostolic*, p. 38; pour autres détails sur ce point, c.f. Slafosky, *The Canonical Visitation of the Diocese*, pp. 126-135.

curé au sujet de sa foi et de sa morale, de l'administration des sacrements et du soin des biens de l'église.[69]

Mais quelles sont les personnes exemptes de cette visite ? L'Ordinaire n'a le pouvoir de visiter les religieux exempts que dans les cas prévus par le Code et il ne devrait pas visiter les personnes, les choses et les lieux pieux qui pourraient prouver qu'une exemption leur a été accordée par le Saint-Siège.[70]

Tous les religieux des deux sexes non-exempts sont soumis à cette visite canonique.[71] En plus, tous les missionnaires appartenant à des ordres religieux exempts sont soumis à la juridiction, à la visite et à la correction du Chef ecclésiastique pour ce qui concerne le gouvernement des missions, la charge d'âmes, l'administration des sacrements, la direction des écoles, les dons faits en vue des missions, l'accomplissement des pieuses intentions en faveur de la Mission, le saint ministère, le maintien de la discipline dans le peuple, l'observation des fêtes, la formation du clergé, surtout du clergé indigène.[72]

Mais en dehors des cas mentionnés dans le Code et dans l'Instruction de la Propagande du 8 décembre 1929, le Chef ecclésiastique ne doit pas s'immiscer dans ce qui regarde la discipline religieuse. C'est là le domaine du Supérieur religieux du droit de recours au Saint-Siège qui n'est que dévotique et le Supérieur religieux, l'avis du Chef ecclésiastique doit prévaloir, sans préjudice pourtant pour le Supérieur religieux. S'il y a conflit sur ces points entre le Chef ecclésiaslutif, et des statuts particuliers qui seraient approuvés par le Saint-Siège.[73]

Considérons maintenant les lieux qui sont soumis à la visite canonique. Les églises, les oratoires publics, qui n'appartiennent pas aux religieux exempts sont soumis à la visite canonique du Chef ecclésiastique; le sont aussi les oratoires

69. Winslow, *Vicars and Prefects Apostolic*, p. 38.
70. Cf. canon 344, § 1 et § 2.
71. Cf. canon 631, § 1.
72. Cf. canon 296, § 1, et l'Instruction de la Propagande du 8 décembre 1929 — *AAS*, XXII (1930), 114.
73. Cf. canon 296, § 2; Cance, *Le Code de Droit Canonique*, I. 296.

qui appartiennent aux religieux exempts, mais qui sont desservis par un prêtre séculier.[74]

L'Instruction de la Propagande du 8 décembre 1929 nous dit que le Chef ecclésiastique a pleine juridiction sur tout son territoire de missions. C'est à lui qu'incombe la charge d'établir des stations de missions et de construire des églises et chapelles. Sans lui, personne, quelle que soit son autorité, ne peut établir, changer ou supprimer une oeuvre dans la mission.[75] C'est pourquoi, les églises dans les missions sont sous son autorité, non pas sous celle des Supérieurs religieux, et elles sont gouvernées de la même façon que les églises séculières.[76]

Mais la même Instruction ajoute qu'il n'est pas défendu d'ériger des maisons religieuses, même exemptes, et des provinces dans un territoire de missions, tout en observant les exigences du Droit commun. Ainsi, les religieux exempts peuvent établir eux-mêmes des églises qui, dans ce cas, jouiront du privilège de l'exemption tel qu'accordé par le Code ou par indult. Il existe trois sortes d'incorporations de ces églises aux maisons religieuses: « plenissimo jure », « pleno jure », et « non pleno jure ». [77]

Si l'incorporation à une maison religieuse est « plenissimo jure », l'église jouit alors d'une exemption complète, car elle est entièrement soustraite à la juridiction de l'Ordinaire du lieu et est légalement constituée abbaye ou prélature « nullius ». [78]

Si l'incorporation est « pleno jure », l'église est soustraite à la juridiction de l'Ordinaire et pour le spirituel et pour le temporel. Si elle est paroissiale, les religieux quasi-curés ou vicaires, même s'ils exercent le ministère dans la maison ou le

74. Conc. Trident., sess. VII, *de ref.*, c. 8; Winslow, *Vicars and Prefects Apostolic*, p. 39.
75. *AAS*, XXII (1930), 111.
76. O'Brien, *The Exemption of Religious in Church Law*, (Milwaukee: Bruce, 1942), p. 122.
77. *AAS*, XXII (1930), 111.
78. O'Brien, *The Exemption of Religious in Church Law*, p. 119; Wernz-Vidal, *Ius Canonicum*, II, 233; *Coronata, Institutiones*, I, 567; cf. canon 215, § 1, et canon 319, § 2.

lieu où les Supérieurs majeurs de l'Institut ont habituellement leur demeure, sont soumis à la pleine juridiction, visite et correction de l'Ordinaire du lieu, excepté pour ce qui concerne l'observance religieuse.[79] Ces églises sont par conséquent soumises à la visite de l'Ordinaire pour tout ce qui concerne le soin des âmes. La Constitution, « *Firmandis* » de Benoît XIV, du 6 novembre 1744, au paragraphe septième, nous indique les points sur lesquels doit se porter l'attention de l'Ordinaire: l'autel et le tabernacle où le Très Saint Sacrement est conservé, les fonts baptismaux, le confessionnal du curé, la chaire, la sacristie pour ce qui regarde l'endroit où le « sacra suppellex » (vêtements sacrés et tout le mobilier sacré) employé pour l'administration des sacrements est gardé, les tombeaux et le cimetière pour les fidèles, le clocher si les choses appartiennent à la paroisse ou la quasi-paroisse, et enfin tous les vases sacrés dans lesquels sont gardés pour les paroissiens les hosties consacrées, les huiles saintes, l'eau baptismale et l'eau bénite.[80]

De plus, l'incorporation étant « pleno iure », l'église des réguliers exempts n'est pas paroissiale, elle n'est soumise à la visite de l'Ordinaire que dans un seul cas: quand ce chef ecclésiastique a porté des prescriptions particulières pour son territoire au sujet du canon 1261, § 1, et qu'il est certain qu'elles ne sont pas observées dans cette église-là.[81]

Enfin, si l'incorporation est « non pleno jure », c'est-à-dire si la maison religieuse n'a seulement que le droit aux revenus provenant du bénéfice, le Supérieur de la maison doit présenter un prêtre séculier à l'Ordinaire du lieu pour qu'il

---

79. Cf. cc. 452; 471, § 1; 631; 1425; Conc. Trident., sess. XXV, *de regularibus*, c. 11; Slafkosky, *The Canonical Episcopal Visitation of the Diocese*, p. 93; O'Brien, *The Exemption of Religious in Church Law*, pp. 119-120.
80. Fontes, n. 349; Slafosky, *The Canonical Episcopal Visitation of the Diocese*, p. 94.
81. Marcellus a P. Jesu, *De Exemptione Ecclesiarum Regularium a Canonical Visitatione*, — *CpR*, IX (1928), 243-244; Reilly, *The Visitation of Religious*, p. 126; O'Brien, *The Exemption of Religious in Churcch Law*, pp. 118-120; Petrus Kramer, *An Ius Visitandi Domos vel saltem Ecclesias Regularium Ordinario Loci Competat*, — *CpR*, IX (1928), 245-248.

soit nommé curé ou quasi-curé, tout en lui assignant une part du revenu.[82] Mais ces paroisses et ces églises ne deviennent pas par ce fait religieuses; elles gardent leur caractère séculier et demeurent soumises à la juridiction de l'Ordinaire sauf pour ce qui vient d'être mentionné.[83] Les églises paroissiales ou quasi-paroissiales qui sont tout simplement confiées à des religieux sans être incorporées à une maison religieuse gardent généralement leur caractère séculier et sont par le fait soumises en tout à la juridiction et à la visite de l'Ordinaire du lieu.[84]

L'Ordinaire du lieu doit aussi visiter par lui-même ou par un autre tous les cinq ans:

1. tous les monastères des moniales qui dépendent immédiatement de lui ou du Saint-Siège;

2. toutes les maisons d'hommes ou de femmes des Congrégations de droit diocésain;

3. les monastères des moniales, qui sont soumis à des réguliers, mais seulement pour ce qui regarde l'observance de la clôture; bien plus, le droit de visite s'étend à tous les autres points, si le Supérieur régulier n'a pas fait la visite depuis cinq ans;

4. chaque maison des Congrégations cléricales de droit pontifical, même exemptes, pour ce qui regarde l'église, la sacristie, l'oratoire public, les confessionnaux. (Il est à noter qu'on ne fait nullement mention ici des réguliers, car d'après le canon 488, 2°, le mot congrégation s'entend des religions qui émettent seulement des voeux simples et non sellennels).

5. enfin, chaque maison des Congrégations laïques de droit pontifical non seulement pour ce qui concerne l'église, la

---

82. Cf. canon 1425, § 1; O'Brien, *The Exemption of Religious in Church Law*, p. 121.
83. O'Brien, *The Exemption of Religious in Church Law, p. 121.*
84. O'Brien, *The Exemption of Religious In Church Law*, p. 121. Il faut semble-t-il, dans les pays de missions où il n'y a pas de quasi-paroisses constituées, appliquer toutes ces règles précédentes aux églises des religieux exempts quand le titulaire d'un poste de mission y exerce le ministère sacré. — Vromant, *Ius Missionariorum, De Personis*, p. 98.

sacristie, l'oratoire public, le confessionnal, mais encore pour ce qui regarde la discipline intérieure selon les règles du canon 618, § 2, 2°; c'est-à-dire qu'il doit s'informer si la discipline y est observée conformément aux constitutions, si la saine doctrine ou la probité des moeurs y a subi quelque atteinte, si la clôture a été violée, si les sacrements y sont reçus aussi fréquemment qu'il est prescrit et qu'il convient. Si les Supérieurs, dûment avertis des graves abus qui se seraient produits, ne prennent pas de mesures opportunes, il appartient à l'Ordinaire d'y pourvoir personnellement: si pourtant il s'agit d'affaires de grave importance qu'il faut régler sans délai, l'Ordinaire prend une décision immédiate, mais la fait connaître au Saint-Siège.[85]

Quant aux oratoires publics, ils sont sujets aux mêmes lois que les églises.[86] Il reste à dire un mot des oratoires semi-publics. L'Ordinaire du lieu peut visiter les oratoires semi-publics des moniales qui dépendent immédiatement de lui ou du Saint-Siège, de même que ceux des Congrégations de religieux ou de religieuses de droit diocésain.[87] Il a également le droit de visiter les oratoires publics des religieux exempts ou non exempts appartenant à des Congrégations cléricales ou laïques de droit pontifical.[88] Mais ce droit ne s'étend pas à leurs oratoires semi-publics. La chose est claire pour les religieux exempts des Congrégations de droit pontifical. De fait, le canon 344, § 2, établit que l'Ordinaire ne peut visiter les religieux exempts que dans les cas prévus par le droit; mais le droit ne fait nullement mention de la visite de leurs oratoires semi-publics. Pour ce qui est des religieux non exempts, ils ne peuvent invoquer le canon 344, § 2; cependant, le canon 512, § 2, 2° et 3°, qui traite spécialement de la visite canonique de l'Ordinaire du lieu n'inclut pas dans l'énumération taxative des endroits qui doivent être visités les oratoires semi-publics; les oratoires publics, par contre, y sont mentionnés. Tout ceci

85. Cf. cc. 512; 618, § 2, 2°; Cance, *Le Code de Droit canonique*, II, 34 et 128.
86. Cf. canon 1191, § 1.
87. Cf. cc. 512, § 1, 1° et 2°.
88. Cf. canon 512, § 2, 2° et 3°.

nous fait voir que le législateur a voulu exempter ces oratoires de la visite canonique de l'Ordinaire.[89] Enfin, les oratoires semi-publics des moniales soumises à des réguliers ne sont sujets à cette visite que dans le cas où le Supérieur religieux ne l'aurait pas faite depuis cinq ans.[90]

Les cimetières communs et aux fidèles et aux religieux exempts sont soumis à la visite de l'Ordinaire, mais non pas ceux qui appartiennent exclusivement aux religieux exempts.[91] Le Code ne permet qu'aux religieux exempts d'avoir un cimetière en propre.[92] Cependant, si par un indult particulier une Congrégation cléricale exempte obtient le privilège d'avoir son cimetière exclusif et propre, ce dernier est alors exempt de la visite de l'Ordinaire.[93]

Enfin, pour terminer cette question de la visite canonique du Chef ecclésiastique, il est bon de noter que le canon 512 s'applique aux Sociétés sans voeux publics.[94]

Quant aux Sociétés de ce genre qui, par indult particulier, jouissent du privilège de l'exemption, les canonistes ne s'entendent pas sur le mode de cette exemption. Doivent-ils être assimilés aux Réguliers exempts ou aux Religieux de Congrégations exemptes ? Il semble qu'ils doivent être assimilés aux Religieux des Congrégations exemptes. De fait, le canon 674 nous dit que pour ce qui regarde l'érection et la suppression de ces sociétés, de leurs provinces et de leurs maison, les règles établies pour les Congrégations religieuses leur sont

89. Slafosky, *The Canonical Episcopal Visitation of The Diocese*, p. 96; Coronata par contre, est d'un avis contraire; (utrum eximantur etiam oratoria semipublica Congreg. clericalium non exemptarum, affirmare non audemus, talia enim oratoria nullius visitatoris iurisdictionis subicerent, et dein cum pendeant ab Ordinarii auctoritate in erectione non videtur ratio ea eximendi a visitatione". — *Institutiones*, I, 668, note 2.
90. Cf. canon 512, § 2, 1°.
91. Léo XIII, const. "*Romanos Pontifices*", 8 maii 1881, n. 17 — *Fontes*, 582; Benedictus XIV, const. "*Firmandis*", 8 nov. 1744, n. 7 — Fontes, 349; cf. cc. 512, § 2, 2°; 1209, § 1; 1228, § 2.
92. Cf. canon 1208, § 2.
93. Cf. canon 512, § 2, 2°; Slafosky, *The Canonical Episcopal Visitation of the Diocese*, p. 99.
94. Cf. canon 675; Slafkosky, *The Canonical Episcopal Visitation of the Diocese*, p. 133.

aussi applicables; le Code semble donc les assimiler plutôt aux Congrégations qu'aux Ordres. Autrement ces Sociétés seraient plus favorisées que les Congrégations religieuses.[95]

Nous traiterons plus loin de la question des écoles et des séminaires.

K. Le culte divin

Pour ce qui concerne le culte divin, la prédication sacrée et l'administration des sacrements, il suffira de dire quelques mots, car, sur ces points, en règle générale, les relations entre les missionnaires et leur chef ecclésiastique sont les mêmes qu'entre les religieux et leurs différents Supérieurs ecclésiastiques dans les diocèses hiérarchiquement organisés.

Les Chefs ecclésiastiques veilleront avec soin à ce que les prescriptions des saints canons relativement au culte divin soient observées, dans la mesure où leur application est possible en pays de missions. Ils veilleront surtout à ce qu'aucune pratique superstitieuse ne s'introduise dans le culte divin public ou privé ou dans la vie quotidienne des fidèles, à ce qu'on admette rien qui soit opposé à la foi, rien qui soit en désaccord avec la tradition ecclésiastique, rien qui ait apparence d'un gain indigne.[96]

Si le Chef ecclésiastique porte à ce sujet des lois particulières pour son territoire, tous les religieux, même exempts, sont obligés de les observer. En plus, il peut visiter leurs églises et leurs oratoires publics pour se rendre compte que ses prescriptions ont été exécutées. Sur ce point, les religieux exempts ne sont pas soustraits à la visite du Chef ecclésiastique. Cependant pour que cette visite soit permise, il faut qu'il s'agisse non pas seulement d'une prescription de droit commun, mais bien d'une loi particulière portée sur la matière ci-haut mentionnée. De plus, le Chef ecclésiastique ne doit user de ce droit de visite que dans le cas où il a obtenu des informations positives que ses propres lois ne sont pas

---

95. Goyeneche, "*Consultationes*" — *CpR*, I (1920), 144.
96. Cf. canon 1261, § 1.

observées. C'est ce qui ressort d'une réponse privée donnée par le Président de la Commission d'Interprétation du Code le 8 avril 1924.[97]

L. De la prédication sacrée

C'est l'Ordinaire du lieu où se fait la prédication qui seul, sur le territoire soumis à la juridiction, donne le pouvoir (faculté ou mission canonique du canon 1328) de prêcher soit aux clercs séculiers, soit aux religieux non exempts, soit aux religieux exempts à moins que la prédication ne s'adresse qu'à des religieux exempts et leurs familiers dont il est question

97. Cf. canon 1261, § 2; voici le texte de cette réponse privée: « In urbe N. tempore quo ecclesae urbis quinquennali visitationi subdebantur misit Ordinarius loci suum delegatum ad visitandum templum Ordinis N. in illa urbe existens. Superiore praedicti Ordinis non reluctante, delegatus Ordinarii visitavit templum et sacrarium eodem modo, quo ecclesiae non exemptae visitari solent.

Re audita, provincialis praedicti Ordinis protestationem Ordinario porrexit, in qua cum debita reverentia ei inculcare conabatur, templum Ordinis vi exemptionis visitationi loci Ordinarii subiectum non esse. Quodsi vero de visitatione iuxta can. 1261, § 2, agatur, illam supponere leges particulares in materia in praedicto canone expressa latas, hancque visitationem totam quantam differe ab illa quinquennali. Ordinarius affirmat, se allatas rationes non agnoscere seque ius habere etiam exemptorum regularium templa visitandi. Ad rem dirimendam quaeritur:

I. Utrum Ordinarius loci templa Ordinis N. in sua dioecesi existentia modo praedicto quinto quoque anno visitare possit. Et quatenus negative:

II. Utrum in casu, quo leges diocesanas (e. gr. synodales) non quidam novam materiam iuxta can. 1261 afferunt, sed solum leges ecclesiasticas urgent, Ordinarius ad visitationem manum apponere possit. Et quatenus negative.

III. Utrum visitatio, de qua in canone 1261 § 2, eodem modo instituenda sit, ac solita quinquennalis visitatio ecclesiarum non exemptarum. Et quatenus negative:

IV. Utrum ad visitationem iuxta can. 1261, § 2, extendi possint responsa S. C. EE. et RR. ante novum Codicem data, ut nempe Ordinarius visitationis iure in tantum generatim utatur, in quantum positivam habeat notitiam, leges particulares a se latas in ecclesiis regularium exemptorum non observari.

Ad dubia I, II, III, negative; ad IV, affirmative.

Romae, die 8 aprilis, 1924
† P. card. Gasparri,
Praeses Commissionis
pro interpretatione Codicis.

Ce texte est tiré de O'Brien, *The exemption of Religious in Church Law*, p. 118; cf. aussi Wernz-Vidal, *Ius Canonicum*, III, 429; Coronata, *Institutiones*, II, 153;

au canon 514, § 1. En outre, celui qui doit prêcher aux moniales exemptes a besoin de la permission du Supérieur régulier.[98]

Par contre, si la prédication doit être adressée seulement à des religieux exempts ou aux familiers ci-haut mentionnés, le pouvoir de prêcher est donné, dans une religion cléricale, par le Supérieur conformément aux Constitutions et, dans ce cas, le Supérieur peut occorder ce pouvoir à des clercs séculiers ou à des religieux d'une autre religion, pourvu que leur propre Ordinaire ou leur Supérieur les ait jugés aptes à prêcher.[99]

Le pouvoir de prêcher à des sujets d'une religion laïque, même exempte, est encore accordé par l'Ordinaire du lieu où se fait la prédication; mais, le prédicateur ne peut user de ce pouvoir sans l'assentiment du Supérieur religieux.[100]

On peut se demander si l'assentiment des Supérieures religieuses est aussi requis quand un prédicateur doit leur prêcher. Plusieurs canonistes l'affirment. De fait, la raison de discipline interne de la communauté semble le demander pour les religieuses tout aussi bien que pour les religieux.[101]

Enfin, il semble y avoir désaccord entre les canons 529 et 1338, § 2 et 3. Le canon 529 nous dit que le Supérieur régulier, s'il s'agit de religieux laïques exempts, désigne les prédicateurs et que l'Ordinaire supplée, s'il y a lieu, sa négligence; tandis que le canon 1338, § 2 et 3, nous offirme que c'est l'Ordinaire du lieu qui donne le pouvoir *(facultas)* au prêtre qui doit prêcher à ces religieux exempts, et que le prédicateur

98. Cf. canon 1337 et canon 1338, § 2; Instr. S. C. Consist. "*Ut quae*", 28 maii 1917, n. 4 — *AAS*, IX (1917), 228. Cette concession de l'Ordinaire est donc nécessaire, même si les religieux exempts prêchent dans leurs propres églises. — Cance, *Le Code de Droit Canonique*, III, 132.
99. Cf. canon 1338, § 1; Cance, *Le Code de Droit Canonique*, III, 132.
100. Cf. canon 1338, § 2; McVann, *The Canon Law on Sermon Preaching*, A Doctoral Dissertation in The Faculty of Canon Law of The Pontifical Gregorian University, Rome (New-York: The Paulist, 1940), p. 167.
101. Wernz-Vidal, *Ius Canonicum*, IV, Pars II, 39-40; Vermeersch-Creusen, *Epitome*, II, n.° 673; Coronata, *Institutiones*, II, 262; McVann, *The Canon Law on Sermon Preaching*, p. 67; Augustine, cependant, est d'un avis contraire. *A Commentary on the New Code of Canon Law* (8 vols., St. Louis: Herder Book Co., 1925-1938; Vol. VI, 3. ed., 1931), VI, 354.

a besoin de la permission *(licentia)* du Supérieur régulier pour s'adresser à des moniales exemptes qui lui sont soumises et de l'assentiment du Supérieur religieux pour prêcher aux membres d'une religion laïque exempte ou non. Comment alors concilier ces deux canons ? La permission *(licentia)* qu'exige le canon 1338, § 2 ne semble signifier autre chose que la désignation *(désignat)* du canon 529. Voici alors comment on peut interpréter le sens de ces deux canons: le Supérieur régulier désigne les prédicateurs pour les instituts laïques exempts. Cependant, le prêtre désigné doit être choisi parmi ceux qui sont approuvés par l'Ordinaire du lieu, c'est-à-dire ceux qui ont le pouvoir *(facultas)* général de prêcher dans son territoire.[102]

Ajoutons une dernière remarque. Les religieux, pour user du pouvoir de prêcher qu'ils ont reçu de l'Ordinaire du lieu, ont, en plus, besoin de la permission *(licentia)* de leur propre Supérieur. Leur voeu d'obéissance en est la raison. Mais, la permission implicite suffit, semble-t-il, et est censée donnée une fois pour toujours quand le Supérieur présente à l'Ordinaire un sujet pour remplir la charge de prédicateur, à moins qu'elle n'ait été expressément révoquée.[103]

M. Administration des sacrements

a. Sacrement de baptême

Bien que tout prêtre soit le ministre ordinaire du sacrement de baptême, la collation de ce sacrement est toutefois une fonction paroissiale réservée au curé propre ou au quasi-curé propre; d'où il suit qu'un prêtre ne peut baptiser licitement qu'avec la permission du curé ou du quasi-curé ou de l'Ordinaire du lieu de la personne à baptiser. Cette permission se présume légimement dans un cas de nécessité.[104]

---

102. Coronata, *Institutiones*, I, 556; O'Brien, *The Exemption of Religious in Church-Law*, p. 218; Vermeersch-Creusen, *Epitome*, I, n. 649.
103. Coronata, *Institutiones*, II, 262; McVann, *The Canon Law on* Sermon Preaching, p. 71.
104. Cf. canon 738, § 1.

Si les paroisses ou les quasi-paroisses ne sont pas encore établies dans une région, on tient compte des statuts particuliers et des coutumes reçues pour déterminer le prêtre qui, outre l'Ordinaire du lieu, a le droit d'administrer le baptême dans tous le territoire ou dans quelqu'une de ses parties.[105]

b. *Sacrement de pénitence*

La juridiction ordinaire pour entendre les confessions s'obtient par la collation même de l'office auquel elle est attachée par le droit. Ceux qui la possèdent sont le Souverain Pontife et les Cardinaux pour toute l'Eglise; l'Ordinaire du lieu, pour son territoire; le curé (ou ceux qui en tiennent lieu), pour sa paroisse; le chanoine pénitentier même d'une église collégiale, pour tout le diocèse; le Supérieur religieux exempt, pour ses sujets seulement (profès, novices, postulants et familiers) et conformément aux Constitutions.[106]

Ceux qui ont une juridiction ordinaire pour entendre les confessions peuvent la déléguer à moins qu'ils n'en soient empêchés par le droit.[107] Le chanoine pénitentier ne peut pas déléguer son pouvoir, car le Code le défend au canon 401, § 1. Le curé et ceux qui sont assimilés aux curés ne peuvent non plus déléguer leur juridiction ordinaire. La Commission d'Interprétation du Code l'a déclaré authentiquement le 16 octobre 1919.[108] Les Cardinaux, à moins qu'ils ne soient en même temps Ordinaires du lieu, ne peuvent pas non plus déléguer leur juridiction, car elle est censée leur être concédée par mode de privilège personnel; de plus, ce serait aller contre l'intention du législateur que d'accorder à un autre que le Pape le pouvoir de donner la juridiction à tout prêtre et pour

105. Cf. canon 740.
106. Cf. cc. 873 et 401; Capello, *Tractatus Canonico-Moralis de Sacramentis*, II, Pars I, *De Poenitentia* (4. ed., Taurini: Marietti, 1944), 248-250; Coronata, *Institutiones Iuris Canonici ad Usum Utriusque Cleri et Scholarum, De Sacramentis*, I, (Taurini: Marietti, 1943), 341-342 (à l'avenir, cet ouvrage sera cité comme suit: *De Sacramentis);* Cance, *Le Code de Droit Canonique*, II, 329.
107. Cf. canon 199, § 1.
108. *AAS*, XI (1919), 477; Capello, *De Sacramentis*, II, Pars I, *De Poenitentia*, p. 251.

l'Eglise entière. C'est pourquoi, ils ne sont pas mentionnés aux canons 874 et 875 dans lesquels il s'agit de ceux qui ont le pouvoir de déléguer la juridiction pour entendre les confessions; d'autre part, la disposition du canon 239, § 1, 2°, en vertu de laquelle le confesseur qu'un cardinal se choisit obtient par le fait même la juridiction, serait superflue.[109]

Il va sans dire que le Pape peut déléguer sa juridiction ordinaire pour l'Eglise universelle; ceci découle de la plénitude de son pouvoir.[110] L'Ordinaire du lieu où les confessions sont entendues peut déléguer sa juridiction pour tous les pénitents tant séculiers que religieux à tout prêtre soit séculier, soit religieux même exempt.[111] Mais le religieux ne doit pas en user sans la permission, au moins présumée, de son Supérieur, si ce n'est pour absoudre (conformément au canon 519) un religieux (ou une religieuse) venu se confesser à lui pour la tranquillité de sa conscience.[112]

D'autre part, les Ordinaires des lieux ne doivent pas accorder d'une façon habituelle la juridiction à des religieux qui ne sont pas présentés par leur Supérieur propre; à ceux qui sont présentés par leur propre Supérieur, ils ne refuseront pas cette juridiction, sans raison grave, n'omettant pas toutefois de s'assurer de leur aptitude conformément au canon 877.[113]

Dans une religion laïque exempte, le Supérieur propose le confesseur; mais, celui-ci doit toutefois recevoir la juridiction de l'Ordinaire du lieu où la maison religieuse est située.[114]

Il est à noter que les canons 874 et 875 ne révoquent pas les privilèges. C'est ainsi que subsiste encore pour les confesseurs réguliers approuvés ou par leur Supérieur ou par un

---

109. Aertnys-Damen, *Theologia Moralis*, (14. ed., 2 vols., Taurini: Marietti, 1944), II, 267: Vermeersch-Creusen, *Epitome*, II, n. 148; Noldin, *Summa Theologiae Moralis*, III, *De Sacramentis*, (15. ed., Oeniponte: Pustet, 1923), p. 396.
110. Cf. aussi canon 218, § 1 et 2.
111. Cf. canon 874, § 1.
112. Cf. canon 874, § 1; Cance, *Le Code de Droit Canonique*, II, 321.
113. Cf. canon 874, § 2; Cance, *Le Code de Droit Canonique*, II, 321.
114. Cf. canon 875, § 2.

Ordinaire du lieu le privilège d'entendre les confessions des fidèles dans les régions où il n'y a pas encore d'Ordinaire du lieu.[115]

Nonobstant toute loi particulière ou privilège contraire que le Code révoque expressément, pour confesser licitement et validement des religieuses, même novices, tout prêtre, séculier ou religieux, quel que soit son rang dans la hiérarchie ou dans son office (à l'exception des Cardinaux, d'après le Canon 239, § 1, 1°), doit avoir une juridiction spéciale sous la réserve des libertés accordées par les canons 522 et 523 pour les religieuses malades et pour un cas accidentel.[116]

N. Les écoles

Les écoles en territoire de missions ont une grande connexion avec la propagation de la foi. Elles sont pour l'Eglise un moyen d'exercer son magistère, moyen, il est vrai, moins solennel que la prédication de l'Evangile, mais d'une très grande importance.[117] C'est un moyen parfois nécessaire soit pour assurer la persévérance des enfants chrétiens soit pour attirer les infidèles à la foi. C'est pourquoi, il importe d'établir les principes qui gouvernent leur direction.

Il faut noter que l'Institut à qui l'évangélisation d'une région est confiée prend aussi à sa charge l'oeuvre des écoles, au moins primaires, et doit s'en acquitter vis-à-vis du Chef ecclésiastique avec la même obligation que de la prédication de l'évangile et de l'administration des sacrements.[118]

Toutes les écoles primaires (élémentaires, populaires, écoles des pauvres) relevant des quasi-paroisses et des stations de missions sont complètement sous le pouvoir du Chef ecclésiastique et dépendent totalement de lui et quant à leur organisation et quant à l'éducation intellectuelle, civile et

---

115. Coronata, *Institutiones*, I, 820; O'Brien, *The Exemption of Religious in Church Law*, p. 117.
116. Cf. canon 876, § 1.
117. Masarei, *De Missionum Institutione*, p. 268; Wernz-Vidal, *Ius Canonicum*, IV, Pars II, p. 69.
118. Masarei, *De Missionum Institutione*, p. 268.

religieuse des élèves et quant à la direction et la nomination des directeurs et des professeurs. Si les maîtres sont des religiux, ils sont présentés par leur Supérieur religieux.[119]

A plus forte raison, les catéchuménats et les écoles des cathéchistes, par le fait qu'ils ont pour but immédiat la propagation de la foi, relèvent entièrement du Chef ecclésiastique. Ce'st à lui que revient de régler le fonctionnement, la durée et le « curriculum » du catéchuménat et de veiller à l'instruction et à la formation des catéchistes.[120]

Pour ce qui est des écoles secondaires et supérieures, la situation est différente. Rappelons-nous, en premier lieu, que le Code établit sur la question des écoles, des règlementations diverses suivant qu'il s'agit des Evêques résidentiels ou des Ordinaires des missions. Le canon 336, § 2, qui concerne les Evêques résidentiels, ne parle pas de l'érection des écoles; il est seulement dit qu'ils doivent donner une éducation religieuse et catholique dans les écoles d'enfants et de jeunes gens. Dans les autres canons qui regardent cette matière (cc. 1372-1382), l'étendue du pouvoir de ces Ordinaires est précisée; leur juridiction, leur droit de vigilance et de correction, la matière à enseigner, les personnes, les livres, la méthode; voilà ce qui y est indiqué.[121]

Par contre, le Code donne pour les Chefs ecclésiastiques de Missions des normes moins définies et plus universelles. L'Instruction de la Propagande du 8 décembre 1929 dit qu'il appartient au Chef ecclésiastique de missions d'ouvrir des écoles, même supérieures.[122] Non seulement les missionnaires séculiers et les professeurs laïques, mais aussi les missionnaires réguliers sont soumis à la juridiction, à la visite, à la correction du Chef ecclésiastique en ce qui regarde la direc-

119. Vromant, "*De Auctoritate qua Missiones Gubernantur*" — *JP*, XI (1931), p. 73; Const. "*Romanos Pontifices*", 8 maii 1881 — *Coll. S. C. P. F.*, n. 1552, p. 150; Masarei, *De Missionum Institutione*, p. 270.
120. S. C. de Prop. Fide, instr. 8 dec. 1929 — *AAS*, XXII (1930), 112.
121. Masarei, *De Missionum Institutione*, p. 275; Vromant, "*De Auctoritate* qua Missiones Gubernantur" — *JP*, XI (1931), 72.
122. *AAS*, XXII (1930), 112.

tion des écoles.[123] Les Ordinaires doivent visiter les écoles et y examiner ce qui se rapporte à l'éducation de la jeunesse.[124] De plus, ils doivent faire un rapport complet et détaillé au Saint-Siège sur le nombre des écoles.[125]

Si les écoles secondaires et supérieures sont érigées par le Chef ecclésiastique, il en a le plein contrôle, puisqu'il en est le Supérieur. Sa position est la même vis-à-vis des écoles tenues par des religieux de droit diocésain.[126] Ainsi, le choix des professeurs, les cours, les méthodes disciplinaires et pédagogiques, bref, l'administration de l'école et le système pédagogique tombent sous sa juridiction.[127]

Mais, est-ce que l'érection de ces écoles (secondaires et supérieures) revient exclusivement au Chef ecclésiastique ? Comme ces écoles ne comportent pas des connaissances nécessaires à tous et qu'elles ne visent pas directement et principalement à la propagation de la foi, elles ne sont pas comprises ni dans le gouvernement universel de la mission confiée aux Ordinaires par le Saint-Siège, ni sous la charge universelle de la mission confiée par Rome à l'Institut religieux.[128]

D'autres que les Chefs ecclésiastiques peuvent donc ouvrir des écoles secondaires et supérieures et les diriger, en observant les exigences du droit quant à leur érection, à leur discipline externe, à la vigilance de l'Ordinaire, à l'instruction religieuse et à l'honnêteté publique.[129] Egalement, le Chef ecclésiastique peut exiger que soit renvoyée de l'école telle personne dont la présence offense les indigènes, empêche la prospérité de l'école et nuit au bien de la religion.[130]

---

123. Cf. canon 296, § 1.
124. Cf. canon 301, § 2.
125. Cf. canon 300, § 1.
126. Cf. canon 492, § 2.
127. Slafkosky, *The Canonical Episcopal Visitation of the Diocese*, p. 102.
128. Masarei, *De Missionum Institutione*, p. 276.
129. *Masarei, De Missionum Institutione*, p. 277; cf. aussi les canons 497; 296; 1381.
130. Vromant, "*De Auctoritate qua Missiones Gubernantur*" — *JP*, XI (1931), 73; cf. aussi canon 1381, § 3.

De plus, le Chef ecclésiastique n'est pas tenu de remettre le soin de ces écoles à l'Institut religieux en charge de la mission. De fait, de soi elles ne sont pas comprises dans l'oeuvre de la mission confiée à l'Institut. Mais, il faut tenir compte des conventions passées avec ces Instituts et des droits qu'ils auraient déjà acquis.[131]

Ces écoles secondaires et supérieures, si elles sont érigées par des religieux, dépendent toutefois de l'Ordinaire du lieu pour l'instruction religieuse des élèves et pour le reste, dans la mesure où la propagation de la foi l'exige. Les Supérieurs religieux nomment les professeurs et les directeurs; le professeur de religion et de morale doit être approuvé par l'Ordinaire du lieu. Celui-ci approuve aussi les livres d'instruction religieuse.[132]

Le Chef ecclésiastique peut exiger que certaines sciences et certains arts y soient enseignés si, dans les conditions où se trouve la mission, ils sont considérés comme nécessaire au succès de l'école, à la propagation de la foi et à la conservation de la religion.[133]

Pour ce qui est de la visite de ces écoles par le Chef ecclésiastique, le canon 1382 nous dit que l'Ordinaire du lieu peut les visiter pour se rendre compte de l'instruction religieuse et morale qui y est donnée. Cependant, ce canon ne révoque pas les privilèges, ni les droits acquis. Ainsi, toutes les écoles des religieux qui peuvent prouver la possession du privilège de l'exemption complète de la visite de l'Ordinaire, même pour ce qui concerne la foi et la morale, ne sont naturellement pas soumises à cette visite.[134]

Que dire des internats destinés à la formation des religieux exempts ? Les internats destinés aux religieux profès d'une religion exempte ne sont certainement pas soumis à la

131. Masarei, *De Missionum Institutione*, p. 277.
132. Canon 1381; Vromant, "De Auctoritate qua Missiones Gubernantur" — *JP*, XI (1931), 73-74.
133. Vromant, "De Auctoritate qua Missiones Gubernantur" — *JP*, XI (1931), 74.
134. Cf. canon 4 et 613, § 1.

visite de l'Ordinaire, même pour ce qui concerne l'instruction religieuse et morale.[135] Il s'agit ici de religion cléricale et non laïque; car, les canons 512, § 2, 3° et 618, § 2, 2° demandent que les religions laïques exemptes soient soumises à la visite de l'Ordinaire pour ce qui regarde la foi et les moeurs.[136]

Les postulats et les écoles apostoliques ne jouissent pas de cette exemption: le Code ne parle que des profès. Cependant, ici encore, il faut ajouter que comme le Code ne révoque pas les privilèges, les écoles internes des religieux, même de ceux qui ne sont pas profès, qui jouissaient, avant la promulgation du Code, du privilège de l'exemption de la visite de l'Ordinaire sur ce point, l'ont conservé.[137]

Les grands séminaires

S'il s'agit des grands séminaires diocésains ou quasi-diocésains, c'est aux Chefs ecclésiastiques que reviennent leur administration et leur gouvernement ainsi que la charge d'en assurer la bonne marche par un sage règlement, par des visites fréquentes, par des informations personnelles, tout en tenant compte des prescriptions du Saint-Siège pour des cas particuliers.[138]

Les grands séminaires des religieux exempts pour leurs sujets ne sont pas soumis à la visite de l'Ordinaire, car, de leur nature, ces maisons sont pour les membres profès.[139] Mais, le Chef ecclésiastique peut et doit visiter les grands

---

135. Canon 1382.
136. Vromant, *Ius Missionariorum*, II, *De Personis*, p. 153; Slafkosky, *The Canonical Episcopal Visitation of the Diocese*, p. 104; Masarei (*De Missionum Institutione*, p. 279) défend l'opinion contraire.
137. Cf. canon 613, § 1; Coronata, *Institutiones*, II, 312; Slafkosky, *The Canonocal Episcopal Visitation of the Diocese*, p. 104. Masarei, cependant est de l'opinion suivante: "Attento canone 1382 videtur requiri, ut alumni, de quibus agitur, sint professi; verum attenta fine attentaque mente S. Congregationis etiam alumnos, qui, quamvis nondum professi, ad suscipiendam religionem praeparantur, comprehendi oportet". — *De Missionum Institutione*, p. 280.
138. Cf. canon 1357; Cance, *Le Code de Droit Canonique*, III, 142.
139. Cf. canon 1382.

séminaires des religieux de droit diocésain.[140] Il a aussi se droit vis-à-vis des Instituts non-exempts de droit pontifical, mais seulement pour ce qui se rapporte à l'éducation religieuse et morale.[141]

Si le grand séminaire diocésain ou quasi-diocésain est confié à des réguliers exempts ou à des religieux de Congrégation cléricale exempte de la visite de l'Ordinaire, il n'est pas pour cela soustrait à la visite du Supérieur ecclésiastique.[142]

Mais, quand le grand séminaire est confié à des religieux, le Chef ecclésiastique a coutume de conclure un pacte avec le Supérieur Général ou un Supérieur majeur afin de fixer les droits respectifs des deux autorités. Si, dans ces conventions, quelque point de droit commun ne peut être observé, il faudra obtenir une dispense du Saint-Siège. Cependant, les droits du Chef ecclésiastique doivent toujours demeurer fermes de sorte qu'il puisse toujours faire la visite de la maison et que le personnel lui obéisse dans la direction générale du séminaire, tout en tenant compte des conventions particulières.[143] Toutefois ces conventions doivent être approuvées par le Saint-Siège, c'est-à-dire par la Sacrée Congrégation des Séminaires et des Universités. Une fois cette approbation donnée, la convention constitue une loi particulière à laquelle aucune des parties ne peut déroger.[144]

D'après Vermeersch-Creusen, le Supérieur du Séminaire peut être nommé par le Supérieur Général avec l'assentiment du Chef ecclésiastique; le Supérieur Général peut aussi nommer le personnel du séminaire, tout en réservant à l'Ordinaire le droit de refuser ou de renvoyer quelque membre choisi par le Supérieur.[145]

---

141. Cf. canon 1382; Slafkosky, *The Canonical Episcopal Visitation of the Diocese*, p. 106.
142. Cf. canon 1357; Vromant, *Ius Missionariorum* II, *De Personis*, p. 154; Coronata, *Institutiones*, II, 290.
143. Coronata, *Institutiones*, II, 290.
144. O'Brien, *The Exemption of Religious in Church Law*, p. 224; Coronata, *Institutiones*, II, 290.
145. Vermeersch-Creusen, *Epitome*, II, n. 708.

Mais bien souvent, en territoire de missions, il est impossible d'établir un séminaire quasi-diocésain. On fondera alors un séminaire interdiocésain. Dans ce cas, le Séminaire relève immédiatement du Saint-Siège qui en confie le gouvernement à un Institut religieux ou missionnaire, mais toujours sous la haute direction de la Propagande. Cette sacrée Congrégation a établi des normes pour ces séminaires régionaux remis aux soins des Instituts religieux ou missionnaires; elles ont été approuvées le 27 avril 1934.[146]

Voici quelques points de ces normes qui se rapportent plus particulièrement à la présente étude. A l'Institut, sont laissées la discipline du séminaire, l'organisation des classes et l'administration ordinaire. Mais, l'Institut devra faire approuver par la Propagande les règles disciplinaires, le programme ou le plan d'études, l'horaire des journées et la liste des livres de classe. Le Recteur est choisi par la Propagande, mais sur présentation du Supérieur Général de l'Institut. Les autres directeurs et les professeurs seront nommés par le Supérieur Général, qui communiquera ensuite leurs noms à la Sacrée Congrégation. Le Recteur ne peut pas être démis ou changé sans le consentement préalable de la Propagande. De plus, il faut communiquer à cette Sacrée Congrégation tout changement dans les professeurs ou les autres directeurs.[147]

---

146. Cf. *Sylloge*, n. 183. Cependant l'Institution de ce séminaire ne semble pas réservée au Saint-Siège d'une façon absolue. Voici l'opinion de Vermeersch-Creusen sur ce point: "Ab ipso Conc. Tridentino, in dicto c. 18, permittitur in provinciis paupertate laborantibus ut Concilium Provinciale, vel metropolita cum duobus suffraganeis antiquioribus erigenda curet seminaria communia ecclesiis quae non possent singulae seminarium proprium commode erigere. Expressa correctio istius iuris in Codice non legitur. Nec apparet cur non possent episcopi, communi consensu, huismodi seminarium erigere. Modo tamen universali statuit c. 1357, § 4, seminaria interdiocesana normis regi S. Sedis, Cum igitur prohibitio talis institutionis episcopis facta nulla legatur, dispositionem c. 1357 explicamus per modum facti. Re vera episcopi non convenerunt de seminariis communibus; re vera S. Sedes ea instituit, ergo normis S. Sedis reguntur." — *Epitome*, II, n. 707.

147. *Sylloge*, n. 183.

La nomination aux différentes charges et la répartition des fonctions entre les directeurs et professeurs sont confiées au soin du Supérieur Général. Le Supérieur Général consultera les Ordinaires de la région sur l'administration du séminaire. Le Recteur est le supérieur immédiat du séminaire; les autres directeurs et les professeurs lui doivent obéissance. Enfin, le séminaire, avec ses dépendances, est exempt de la juridiction du curé ou du quasi-curé du lieu.[148]

O. *Les ressources matérielles de la Mission*

Nous avons vu plus haut que l'administration du territoire de la Mission et l'activité personnelle du missionnaire relevaient du Chef ecclésiastique. Il en est de même pour les ressources matérielles: il lui appartient d'en disposer librement. Cependant, il doit tenir compte de la volonté des donateurs. L'Instruction de la Propagande du 8 décembre 1929 s'exprime ainsi:

« In Superioris ecclesiastici potestate sunt opes et media missionis. In eius manu sint opportet sudsidia quæcumque missioni data, sive hæc ab operibus missionalibus Propagationis Fidei, Sacræ Infantiæ,. S. Petri Apostoli pro clero indigena, aliisve huiusmodi proveniant; sive alio modo a christifidelibus vel etiam ab ipso Instituto, cui missio est concredita, oblata sint, sive a gubernio civili aliove qualicumque, caritatis vel humanitatis opere elargita fuere. Hæc quidem omnia cum suo Consilio ipse administrat, sicut et fundos mobiles atque immobiles missionis, atque de iis, salva determinata specifice destinatione donorum, pro necessitate ac utilitate missionis libere disponit.[149]

Ce principe est clair. Mais, en fait l'application en est assez difficile dans plusieurs cas, surtout quand il s'agit de déterminer à qui appartient réellement telle ou telle offrande, à la Mission, à l'Institut ou encore au missionnaire luimême. De fait, en territoire missionnaire, ce qui complique

148. *Sylloge*, n. 183.
149. *AAS*, XXII (1930), 112-13.

les choses. c'est que bien souvent le religieux missionnaire a charge pastorale, et, qui plus est, la mission elle-même est souvent confiée à un Institut particulier. On voit dès lors la difficulté qu'il y a parfois de déterminer les bénéficiaires de certains dons. C'est pourquoi, il importe d'étudier ici cette question.

A. Remarques générales

L'administration ecclésiastique comprend l'administration spirituelle et temporelle. Ici, il s'agit de l'administration temporelle. Certains biens ecclésiastiques tombent sous l'administration directe de l'Ordinaire, d'autres seulement sous son administration indirecte c'est-à-dire sa vigilance. L'administration directe consiste dans l'ensemble des actes nécesssaires pour conserver et améliorer les biens de l'Eglise, les rendre productifs et en percevoir et utiliser les revenus.[150] La vigilance, d'autre part, n'accorde pas le droit de poser des actes proprement dits d'administration, elle permet, dans ce cas-ci, de visiter, de surveiller, d'exiger la reddition des comptes, et même de prescrire un mode d'administration prudente, conformément aux sains canons.[151]

Les biens qui tombent sous l'administration directe du Chef ecclésiastique sont tous les biens ecclésiastiques du Vicariat, de la Préfecture ou de la Mission « *sui iuris* » qui ne sont pas annexés à une autre personne morale juridique, de même que les revenus de la mense épiscopale et de l'église quasi-cathédrale.[152]

D'autre part, les biens qui ne tombent que sous la vigilance du Chef ecclésiastique sont tous ceux qui se trouvent dans son territoire et n'ont pas été soustraits à sa juridiction,

150. Cance, *Le Code de Droit Canonique*, III, 249; Gérin, *Le Gouvernement des Missions*, p. 221.
151. Cf. cc. 1519, § 1, et 1521, § 2; Gérin, *Le Gouvernement des Missions*, p. 221; Coronata, *Institutiones*, II, 433 et 472; Comyns, *Papal and Episcopal Administration of Church Property*, The Catholic University of America Canon Law Studies, n. 147 (Washington, D.C.: The Catholic University of America Press, 1941), p. 68; Wernz-Vidal, *Ius Canonicum*, IV, Pars II, 212.
152. Gérin, *ibid.*, p. 22; cf. aussi cc. 1182, § 1; 1356, § 1; 1476, § 1.

sans préjudice des prescriptions (lois, décisions, etc.) qui lui accorderaient des droits plus considérables.[153] En général, tombent sous cette vigilance, les biens qui, situés dans son territoire de missions, sont directement annexés à des églises particulières ou à d'autres personnes morales jouissant de la capacité juridique: instituts religieux, séminaires, confréries.[154]

L'Instruction de la Propagande du 8 décembre 1929 s'exprime ainsi: « In Superioris ecclesiastici potestate sunt opes et media missionis ».[155] Il peut sembler à première vue que l'Ordinaire de missions soit la seule autorité en charge d'administrer les ressources temporelles.

Mais, en examinant la question de près, on se rend compte qu'une telle conclusion n'est pas légitime. De fait, si le Chef ecclésiastique était le seul administrateur de tous les biens de la mission, il faudrait lui remettre tout don à quelque titre qu'il provienne; tous les subsides accordés à la mission soit immédiatement « *per traditionem dominii* », soit médiatement « *per commissionem fiduciæ* », devraient être transmis à l'Ordinaire; bref l'Ordinaire serait le seul administrateur immédiat de tous les biens temporels donnés à la mission et à ses oeuvres.

Cette conclusion n'est certes pas légitime. En vérité, quand une personne morale juridique particulière est constituée dans le territoire de la mission, elle obtient par le fait même le droit d'acquérir, en conformité avec les saints canons, des biens temporels de les conserver et de les administrer.[156]

Ces biens sont alors administrés par leur propre administrateur, en conformité avec le droit, sous la vigilance de l'Ordinaire du lieu.[157] C'est ainsi que sont constitués en personnes morales soit par le droit, soit par un décret formel du

153. Canon 1519, § 1; Cance, *Le Code de Droit Canonique*, III, 250.
154. Gérin, *ibid.*, p. 222.
155. *AAS*, XXII (1930), 112.
156. Canon 1495, § 2.
157. Canon 1525, § 1; Vromant "De auctoritate qua missiones gubernantur" — *JP*, (1931) XI, 67.

Supérieur ecclésiastique, les séminaires,[158] les églises et les oratoires publics au moins bénits solennellement,[159] les confréries, les pieuses unions et les sodalités,[160] les quasi-paroisses,[161] les hôpitaux, les orphelinats et autres instituts du même genre.[162]

Enfin, il faut noter la distinction, importante au point de vue administration, qu'il y a entre les régions déjà divisées en quasi-paroisses canoniques et celles où ces divisions n'existent pas encore. Dans les premières, l'administration ordinaire et immédiate des biens de la quasi-paroisse, des aumônes et des subsides donlnés aux curés ou aux quasi-curés, revient à ces derniers.[163]

Tandis que dans les régions non encore canoniquement divisées, il n'existe presque pas d'entités morales juridiques. Strictement, le Chef ecclésiastique, aidé de son Conseil, pourrait tout régler.[164]

B. Critères pour déterminer à qui reviennent les biens temporels en missions.

Le critère le plus important pour déterminer à qui appartient tel ou tel bien, à la Mission, à l'Institut ou au missionnaire lui-même, c'est la volonté du donateur. Parfois, il est bien facile de la connaître, d'autres fois, cependant, la chose n'est pas aisée, parce que le donateur n'a pas clairement manifesté son intention. Que faire dans ce dernier cas ? Il s'agit maintenant d'étudier cette question plus à fond.

On peut établir trois critères qui nous permettront de déterminer la destination des biens temporels: la volonté

158. Cc., 1409; 99; 100.
159. Canon 1409.
160. Cc. 687; 691; 707.
161. S. C. de Prop. Fide, instr. 20 inl. 1920 — *AAS*, XII (1920), 331.
162. Canon 1489.
163. Gérin, *Le Gouvernement des Missions*, p. 222; cf. aussi c. 630, § 3 et 4.
164. Vermeersch, "De temporalium bonorum possessione et administratione in missionibus externis" — *Periodica*, VI (1912), p. 53; Gérin, *ibid.*, p. 222.

implicite du donateur dont l'intention spécifique est déduite des circonstances; la présomption.[165]

1. La volonté du donateur peut manifester non seulement si le don est fait à l'Institut, à la Mission ou au missionnaire lui-même; mais encore, s'il est fait pour la mission en général ou pour telle quasi-paroisse, telle église, telle école, etc. De plus, elle peut établir si c'est le « dominium » de la chose qui est transmis ou seulement l'usage ou l'usufruit... En outre, elle indique le but de ce don.[166]

2. Parfois, cependant, l'intention du donateur n'est pas claire. On ne peut la déduire ni de ses paroles, ni de ses écrits, ni de ses gestes. Dans ce cas, il faut essayer de la découvrir par les circonstances. Ici encore, nous aurons recours à la précieuse constitution de Léon XIII, « *Romanos Pontifices* », en date du 8 mai 1881 et aux décrets du deuxième Concile Provincial de Westminster approuvés par cette même constitution.[167]

a. Circonstances de la chose donnée. Si le don est fait à un missionnaire ou à un recteur de station de missions et est ordonné à un usage ecclésiastique, il faut généralement le considérer comme destiné à la mission et non à l'Institut. Par contre, s'il ne comporte qu'un usage personnel, il est censé être le lot du missionnaire ou du recteur.[168]

b. Circonstances de lieu. S'il s'agit d'une région où l'organisation territoriale n'est pas encore établie, sans personne morale juridique ayant droit de posséder, les dons fait en faveur d'un poste de mission reviennent au quasi-diocèse qui, en l'occurrence, est la seule personne morale jouissant du droit de posséder. Néanmoins, si dans ce territoire, il existe des personnes morales ecclésiastiques, les dons, qui leur seraient directement destinés, devraient leur être attribués.[169]

---

165. Masarei, *De Missionum Institutione*, p. 307.
166. Masarei, *loc. cit.*
167. *Coll. S. C. P. F.*, n. 1552; *Fontes*, n. 582.
168. Masarei, *De Missionum Institutione*, p. 308; Gérin, *Le Gouvernement des Missions*, p. 226.
169. Masarei, *loc. cit.*

c. Circonstances de but. Les dons faits à l'Institut pour ses missions en général ou pour une oeuvre établie en sa pleine possession reviennent à l'Institut. Mais, si le don est fait en faveur de missions déterminées que l'Institut possède en une région v. g. aux Indes, il faut discerner quelle est la considération principale qui a guidé le donateur. Si celui-ci a voulu principalement favoriser la mission, l'offrande doit être remise au Chef ou aux Chefs ecclésiastiques intéressés.[170] Les sommes données aux recteurs de postes soit pour l'entretien des catéchistes ou des autres auxiliaires laïques, soit pour toute autre oeuvre locale d'apostolat, appartiennent à ces recteurs ou à ceux qui sont chargés de ces oeuvres.[171] Les'aumônes sollicités et recueillies par un missionnaire afin d'établir dans sa mission soit une chapelle, soit une école, soit toute autre fondation ayant pour but l'apostolat, appartiennent à cette mission particulière, si elle jouit de la personnalité juridique;[172] sinon, elles reviennent à la Mission, mais elles doivent être consacrées à l'oeuvre pour laquelle elles ont été reçues. Les sommes recueillies dans le but de construire, d'entretenir, de réparer ou d'ornementer une église d'une quasi-paroisse, à moins que cette église n'appartienne en propre à un Institut religieux, reviennent à cette église.[173]

d. Circonstance de la personne à qui le don est fait. Les dons faits au Chef ecclésiastique, sans autre détermination du but, en raison de la fonction qu'il remplit, sont censés appartenir au territoire ecclésiastique qu'il régit. Les dons faits dans les mêmes conditions à un curé, à un quasi-curé, à un recteur d'église, à un chapelain ou à un administrateur d'une personne morale juridique sont censés appartenir à cette personne morale.[174] S'il s'agit d'un religieux qui ne peut pas

170. Vermeersch, "art. cit.", *Periodica*, VI (1912), p. (48)-(49); Gérin,, *ibid.*, p. 226.
171. Cf. canon 630, § 3; Gérin, *ibid.*, p. 225.
172. Léo XIII, const. "*Romanos Pontifices*", 8 maii 1881 — Coll. S. C. *P. F.*, n. 1552; Gérin, *loc. cit.*
173. Cf. canon 630, § 4; Gérin, *loc. cit.*
174. Masarei, *ibid.*, p. 309.

acquérir ou qui a renoncé à son droit, les dons qui lui sont faits personnellement passent à l'Institut.[175]

e. Circonstances de la façon de demander. A moins que le but en vue duquel les aumônes sont sollicitées n'exige une autre destination, c'est à la Mission qu'il faut attribuer les biens que l'Ordinaire lui-même ou un autre agissant en son nom aura recueillis.[176] D'autre part, si un quasi-curé ou un recteur d'église ou un autre administrateur d'une personne morale ecclésiastique, avec la permission du chef ecclésiastique, recueille des aumônes pour son église ou ses oeuvres, elles appartiennent à la personne morale dont il a la charge.[177]

f. Circonstances du mode d'acquisition. Les biens qui sont le fruit du travail ou de l'industrie personnelle reviennent à la mission, si cette activité est exercée en vertu d'une charge confiée par le Chef de mission; c'est l'Institut qui en bénéficie dans les autres cas. Les honoraires des messes célébrées par les religieux ainsi que les droits d'étole, la pension annuelle attachée à une charge et les subsides accordés par le Chef ecclésiastique pour l'entretien des missionnaires, appartiennent à l'institut. Pour ce qui est des Sociétés sans voeux, il faut s'en rapporter aux Constitutions propres à chacune.[178] C'est à titre de juste sustentation que sont donnés les droits d'étole. Leur importance peut diminuer et même éteindre l'obligation qu'ont les Chefs de missions de pourvoir à la subsistance du missionnaire. Ces derniers peuvent donc se faire rendre compte de la quantité de ces revenus.[179]

g. Circonstance de la provenance. Si un don provient d'un ami ou d'un parent, à moins de preuve explicite du contraire, il appartient à l'Institut s'il s'agit d'un religieux qui ne peut pas ou ne veut pas acquérir, à moins qu'il ne soit Ordinaire du lieu. Par contre, s'il s'agit d'une membre d'une Société sans voeux, le don lui revient puisqu'il est personnel, à

---

175. Gérin, *ibid.*, p. 227.
176. Vermeersch "art cit.", *Periodica* ,VI (1912), p. (50).
177. Masarei, *loc cit.*
178. Gérin, *Le Gouvernement des Missions*, p. 226.
179. Vermeersch "art. cit.", p. (51); Gérin, *ibid.*, p. 226.

moins que les Constitutions de la dite Société n'en ait statué autrement.[180]

h. Enfin, il convient de préciser le sens des expressions suivantes « intuitu personæ », « intuitu missionis », « intuitu religionis ». On dit que les fidèles font un don « intuitu personæ » quand la cause qui le motive est précisément la personne elle-même, ses qualités personnelles, ses mérites, son indigence, la parenté. Par contre, on dira que le don est fait « intuitu missionis », quand il est déterminé non par la considération de la personne elle-même, mais plutôt par celle de l'oeuvre à laquelle est attachée la personne, du lieu où elle travaille, de la station qu'elle régit. Ce don aurait été fait tout aussi bien à un autre missionnaire ou à un autre Institut chargé de la même mission. La mission est la cause qui motive le don; la personne en est l'occasion. Egalement, si le don n'est fait ni à cause de l'individu, ni à cause de l'oeuvre à laquelle celui-ci est attaché, mais parce que le bienfaiteur veut bien secourir l'Institut par le moyen de l'individu, le don est fait « intuitu religionis ». [181]

3. Quand il est impossible de connaître l'intention du donateur et que les circonstances nous laissent encore sur un doute relativement à la destination du don, il faut alors, et alors seulement, recourir à la présomption. La présomption est fondée sur ce qui arrive communément sur l'intention qui anime généralement les fidèles quand ils font un don de la sorte; or, même s'ils le remettent directement à l'Institut, aux missionnaires, aux recteurs etc., c'est généralement à la mission, aux églises, aux oeuvres de charité qu'ils veulent l'attribuer, et non pas aux personnes chargées de ces institutions. Mais cette présomption admet la preuve du contraire. D'autre part, la mission a la présomption en sa faveur; elle est donc libérée de la charge de prouver son droit.[182]

La présomption de droit à employer est formulée au canon 1536, § 1: « Nisi contrarium probetur, præsumendum

180. Vermeersch, *art cit.*, p. (49).
181. Masarei, *De Missionum Institutione*, p. 311.
182. Cf. canon 1827; Masarei, *loc. cit.*

est ea quæ donantur rectoribus ecclesiarum, etiam religiosorum, esse ecclesiæ donata ». Ceci vaut encore plus spécialement en territoire de missions où les églises sont pauvres et comptent presque uniquement sur la libéralité des fidèles.[183]

Léon XIII, dans sa Constitution « Romanos Pontifices », du 8 mai 1881, approuve les décrets du deuxième Concile Provincial de Westminster (1855) sur cette question. Il y est stipulé que dans les cas de doute, il faut attribuer le don à l'église plutôt qu'au missionnaire. Voici d'ailleurs quelques-uns de ces décrets tels que résumés par Masarei.[184]

> « Unde si de intentione dantis non constet, ecclesia, schola aliudve quodvis ædificium, usibus religiosis destinatum, sive ex parte sive ex integro ope oblationum fidelium erectum, vel provisum, habendum est veluti in perpetuum illi loco addictum quamvis sit alicui Religioni concreditum.
>
> « Similiter iudicandum est, si ab aliquo benefactore individuo ædificium provideatur, nisi explicite declarasset, se non loci eiusque fidelium commodum intendisse, sed Ordini voluisse conferre.
>
> « Pecuniæ, quæ a fidelibus contribuuntur infra missam, in collectis, occasione contionum, in quæstuationibus legitimis de domo in domum, vel a ditioribus sponte oblatis habendæ sunt pro bonis ecclesiæ non pro muneribus datis sacerdoti.
>
> « Quidquid sacerdos ex istis bonis acquisierit, loco, non sibi acquisivit. »

Cependant, notons ici que ceci ne s'applique pas toujours aux missions actuelles, parce que les circonstances ne sont pas les mêmes qu'en Angleterre où il s'agissait de missions inter-

183. Masarei, *ibid.*, p. 312; Heston, *The Alienation of Church Property,* The Catholic University of America Canon Law Studies, n. 132 (Washington, D. C.: The Catholic University of America Press, 1942), p. 152.

184. *Coll. S. C. P. F.*, n. 1552, p. 152-153; Masarei, *De Missionum Institutione*, p. 313.

nes. C'est pourquoi, les Chefs ecclésiastiques n'useront de ces principes qu'avec prudence et une sérieuse discrétion, se souvenant de la présomption générale du canon 1536.

ARTICLE III: RELATIONS CANONIQUES DES SUPERIEURS RELIGIEUX VIS-A-VIS DES MISSIONNAIRES

Nous avons étudié dans les articles précédents, les relations canoniques entre le missionnaire et ses Supérieurs ecclésiastiques. Il nous reste maintenant à considérer les relations canoniques entre le missionnaire et ses Supérieurs religieux.

A. Remarques préliminaires

Avant de traiter cette question, il est bon d'établir ce qu'on entend par pouvoir de juridiction et par pouvoir dominatif. Le pouvoir de juridiction en général, comprend le pouvoir législatif, judiciaire, coercitif, et administratif.[185] Le pouvoir de juridiction ecclésiastique est le pouvoir public de gouverner les hommes baptisés dans le but de les conduire au salut éternel, pouvoir concédé par le Christ ou l'Eglise.[186]

Dans cet article, il est question de la juridiction possédée par les Supérieurs religieux. Elle sera donc le pouvoir de gouverner ou encore le quadruple pouvoir législatif, judiciaire, coercitif et administratif, concédé par l'Eglise aux Supérieurs religieux et exercé sur leurs sujets religieux dans le but de les conduire au salut éternel.[187]

Ajoutons un mot sur le pouvoir dominatif. Dans chaque société, il faut une autorité: c'est l'ordre qui le demande: sans autorité aucune organisation ne peut obtenir sa fin. Dans un Institut religieux l'autorité dont jouit le Supérieur lui vient soit du voeu d'obéissance, soit de la profession religieuse, soit encore, quand il s'agit des sociétés sans voeux, d'une promesse

---

185. Cance, Le Code de Droit Canonique, I, 203; Coronata,*Institutiones*, I, 329.
186. Wernz-Vidal, *Ius Canonicum*, I, 423-424; Coronata, *Institutiones*, I, 330. Cance, *Le Code de Droit Canonique*, I, 203.
187. Clancy, *The Local Religious Superior*, The Catholic University of America Canon Law Studies, n. 175 (Washington, D. C.: The Catholic University of America Press, 1943), p. 6: Coronata, *Institutiones*, I, 329.

au moins implicite de demeurer dans la Société: c'est le pouvoir dominatif. En vertu de ce pouvoir, les Supérieurs religieux gouvernent leurs sujets, même par des préceptes, dans la mesure permise par le Droit commun et les Constitutions propres à chaque Institut. Dans les religions de Droit diocésain, l'Evêque a le même pouvoir si la profession religieuse est émise entre ses mains.[188]

Tous les Supérieurs et les Chapitres dans n'importe quel Institut, jouissent de ce pouvoir dominatif; de même les Supérieurs majeurs et les Supérieurs locaux. En plus, dans les religions cléricales exemptes, tous les Supérieurs, même locaux, et tous les Chapitres possèdent la juridiction au for externe et au for interne.[189] C'est une conséquence logique de l'exemption de ces religions. De fait, l'exemption soustrait les religieux à la juridiction des Ordinaires des lieux et les soumet immédiatement à la juridiction du Souverain Pontife. Celui-ci ne peut pas convenablement les gouverner tous d'une façon immédiate. C'est pourquoi, il a investi les prélats de ces religions du pouvoir de juridiction.[190]

B. Organisation des Instituts religieux en pays de missions

Considérons l'organisation des Instituts religieux en pays missionnaires afin de mieux voir les relations entre le Supérieur religieux et ses sujets. Les Instituts dont le but unique est la mission n'ont pas besoin d'une organisation spéciale pour les territoires de missions, car tout y est ordonné pour le régime missionnaire en conformité avec les prescriptions du Code de Droit Canonique.

---

188. Wernz-Vidal, *Ius Canonicum,* III, *De Religiosis,* p. 85; Coronata, *Institutiones,* I, 640-641; Augustine, *A Commentary on Canon Law,* III, 104-106. Certains auteurs distinguent trois pouvoirs, v. g., Vermeersch-Creusen, *Epitome,* I, n. 619, le pouvoir domestique ou social, le pouvoir dominatif *"ex voto"* et le pouvoir de juridiction.
189. Coronata, *Institutiones,* I, 646; Wernz-Vidal, *Ius Canonicum,* III, *De Religiosis,* p. 87.
190. O'Brien, *The Exemption of Religious in the Code,* p. 25; Wernz-Vidal, *Ius Canonicium,* III, *De Religiosis,* p. 87; cf. c. 501, § 1.

Par contre, pour les autres Instituts, surtout si leur but principal n'est pas la mission, il leur est fortement à conseiller d'avoir une organisation spéciale pour ce champ d'action.[191]

Tout Institut missionnaire doit avoir un Supérieur religieux de mission à côté du Chef ecclésiastique; celui-ci doit gouverner les missionnaires en tant que missionnaires, tandis que celui-là exerce son autorité sur eux en tant qu'ils sont religieux. C'est de cette charge que traite l'Instruction de la Propagande en date du 8 décembre 1929.[192]

Mais pour connaître la réelle figure juridique de ce Supérieur, il faut considérer quelle est la condition juridique de la division territoriale elle-même qu'il gouverne sous l'angle de l'organisation religieuse.

La division est-elle une province canoniquement érigée ou, sinon, est-elle une personne morale canoniquement érigée soit par une prescription du droit, soit par un décret formel du Supérieur compétent selon le canon 100, § 1 ?

D'une façon générale, la division ne forme pas une province à part, bien qu'elle le pourrait en vertu des canons 488, § 6 et 494, § 1, car, la plupart du temps, le nombre insuffisant des religieux et des maisons, l'absence des conditions requises par le Saint-Siège, ne le permettent pas.[193]

Voici la pratique usuelle: Le Supérieur Général ou le Provincial, selon que la division est confiée à l'Institut ou à une Province de l'Institut, nomme un Supérieur religieux déterminé pour tel territoire de mission, en lui attribuant

---

191. Masarei, *De Missionum Institutione*, p. 206. Voici les raisons qu'il en donne au même endroit: "Rationes complures habentur, e. g. ne unus finis Instituti cum detrimento alterius praevaleat; ne obligationes susceptae negligantur; ut omnia bene ordinentur sine conflictu; ut de conditionibus saepe praecariis missionum melius ratio habeatur; ut indigentiis subditorum melius prospiciatur, necnon ut relationes cum Superiobus Ecclesiasticis melius serventur."

192. *AAS*, XXII (1930), 114; Masarei, *De Missionum Institutione*, p. 208.

193. Masarei, *De Missionum Institutione*, p. 209. Le Saint-Siège a coutume d'exiger quatre ou cinq maisons canoniquement érigées; la pratique de Rome est d'exiger aussi 200 membres. — Coronata, *Institutiones*, I, 631.

des facultés plus ou moins étendues. Pour connaître le caractère juridique de cette division, il faut considérer les Constitutions de ces Instituts, les droits acquis et les devoirs de la mission, les formalités prescrites pour son érection.[194]

Si la division est érigée en Province, le Supérieur religieux qui y est préposé acquiert par le fait tous les droits et obligations du Supérieur Provincial en conformité avec les canons 500, § 1 et 502. Si la mission est érigée non pas en Province, mais en personne morale, le Supérieur religieux a un pouvoir ordinaire vicarial dans la mesure où les Constitutions le lui accordent; si elle n'est pas érigée en personne morale, il n'est que le Procurateur, le Mandataire du Supérieur Général ou du Provincial, dont il remplit le rôle et il ne jouit que d'un pouvoir délégué.[195]

Ce Supérieur est chargé seulement de veiller à la vie religieuse des missionnaires, à la discipline intérieure. Il doit prendre soin que les Constitutions soient observées fidèlement dans la mesure où les travaux apostoliques le permettent, que les vertus et la perfection chrétienne soient pratiquées, selon l'esprit de l'Institut.[196]

Dans son domaine propre, le Supérieur religieux peut imposer des mesures, des règlements, à ses sujets, mais il doit toujours tenir compte du Droit et des Constitutions propres. Il prendra cependant bien garde de ne pas porter des obligations qui iraient à l'encontre de l'activité apostolique des missionnaires: le bien public du ministère doit l'emporter sur une utilité privée d'ordre accidentel: le droit naturel le demande.[197]

C. *Conditions juridiques des maisons religieuses en missions*

En territoires de missions, la condition juridique des maisons religieuses n'est généralement pas la même qu'en

194. Masarei, *De Missionum Institutione*, pp. 209-210.
195. Masarei, *De Missionum Institutione*, p. 210.
196. S. C. de Prop. Fide, instr. 8 dec. 1929 — *AAS*, XXII (1930), 114.
197. Gérin, *Le Gouvernement des Missions*, p. 228.

pays conquis à la foi. De fait, souvent les religieux occupent des maisons qui ne leur appartiennent pas et, sous la dépendance des Chefs ecclésiastiques, remplissent la charge de quasi-curés ou de vicaires coopérateurs. Ces maisons sont plutôt des maisons rattachées à la quasi-paroisse et non pas, au moins principalement, des maisons religieuses, comme l'entend le Code aux canons 488, § 5 et 497, § 1, même si elles appartiennent à des religieux. Nous appellerons ici ces maisons des stations de missions.[198]

Ceux qui sont placés à la tête des stations de missions ne sont pas des Supérieurs religieux strictement dits. Leur office est de remplir la charge d'âmes. Ils dirigent et la station et les missionnaires coopérateurs en qualité de titulaires d'un poste de mission, sous la dépendance du Chef ecclésiastique.[199]

Par contre, dans d'autres maisons de missions, les religieux, en tant que religieux, remplissent les devoirs propres de leur religion, sous la direction de leurs Supérieurs tout comme en pays conquis à la foi. Elles sont alors appelées maisons religieuses ou non, selon qu'elles obtiennent ou non la personnalité juridique suivant les normes du canon 497, § 1.[200] Mais, les maisons religieuses jouissant de la personnalité juridique sont plutôt rares en pays de missions. Bien souvent, en effet, il n'y aura qu'un ou deux ou, au plus, trois missionnaires dans le même poste; de même aussi, la plupart n'y suivent pas strictement tout le régime de la vie religieuse, mais exercent surtout le ministère apostolique.[201]

L'esprit de la Propagande est le suivant: quand il est impossible d'instituer des maisons religieuses sous la dépendance du supérieur local, il faut pourvoir de quelqu'autre façon à l'observance religieuse. C'est ainsi qu'on établiera des

---

198. Masarei, *De Missionum Institutione*, p. 215; Vermeersch-Creusen, *Epitome*, I, n. 607.
199. Cf. c. 451, § 1 et 3; Masarei, *De Missionum Institutione*, p. 217.
200. Masarei, *De Missionum Institutione*, p. 215.
201. Vermeersch-Creusen, *Epitome*, I, n. 607. Les Constitutions des Pères Blancs (Missionnaires d'Afrique) requièrent toujours trois membres. *Constitutions de la Société des Missionnaires d'Afrique, Pères Blancs* (Alger, 1933), art. 3.

maisons filiales qui ne constituent pas une communauté au sens strict et n'ont pas de biens propres, mais sont comme des dépendances de la maison principale à laquelle elles sont rattachées. Elles sont gouvernées par un supérieur délégué « ad nutum » du Supérieur de la maison principale, lequel dirige toute la communauté et réside dans la maison principale. L'administration immédiate et le soin de la vigilance sont délégués à un missionnaire de la maison filiale. Les membres de celle-ci observent, dans la mesure du possible, la vie religieuse, mais toujours sous la dépendance de la maison canoniquement érigée.[202]

Le Chef de ces maisons filiales est improprement appelé supérieur local. De fait, ces maisons ne jouissent pas de la personnalité juridique; celui qui en a la direction n'obtient pas un pouvoir dominatif ordinaire, mais seulement délégué « ad nutum Superioris ». Cependant ce pouvoir doit être clairement déterminé pour éviter toute cause de discorde. Les vrais Supérieurs locaux au sens que l'entend le Code au canon 501 et suivants, sont les seuls Supérieurs des maisons canoniquement érigées. Comme nous l'avons dit plus haut, ces maisons sont assez rares en pays de missions.[203]

Le devoir des Supérieurs religieux, comme le remarque l'Instruction de la Propagande en date du 8 décembre 1929 est le suivant: (Superiores) « curent et invigilent ut missionarii Constitutiones proprii Instituti, quatenus apostolici labores id sinunt, fideliter observent ». De fait, l'observance des Constitutions est le moyen ordinaire et principal pour le missionnaire d'atteindre son double but: sa sanctification personnelle et le salut du prochain. Si parfois la lettre des Constitutions ne peut pas être suivie, l'esprit du moins doit en être observé.[204]

---

202. S. C. de Religiosis, decr. 1 febr. 1924, "De Superioribus Domorum Filialium" — *AAS*, XVI (1924), 95; Vermeersch, *Annotationes huius decreti,* — XIII (1925), 53-55.
203. Masarei, *De Missionum Institutione,* p. 217; Vermeersch, "De Superioribus Domorum Filialium" — *Periodica,* XIII (1924), 54-55.
204. *AAS,* XXII (1930), 114.

Il nous reste maintenant à considérer deux points importants qui ont rapport à cet article et qui peuvent présenter des difficultés en pays de missions: la clôture et la visite du Supérieur religieux.

D. Clôture

Ce qui nous intéresse ici surtout c'est la clôture formelle active, c'est-à-dire celle qui défend aux religieux de sortir du cloître. Le Canon 606 § 1, en effet, enjoint aux Supérieurs religieux de veiller avec grand soin à l'observation des prescriptions des Constitutions de chaque Institut sur les sorties au dehors. Notons ici que le Code étend la clôture aux Communautés sans voeux.[205]

De plus, le deuxième paragraphe du canon 606 défend aux Supérieurs d'autoriser leurs sujets à séjourner (jour et nuit) en dehors d'une maison de leur propre Institut, sans une cause grave et juste et alors pour un temps le plus bref possible selon les Constitutions; pour une absence excédant six mois, à moins que ce ne soit pour raison d'études la permission du Saint-Siège est requise.[206]

Néanmoins, il est possible de concilier les règles de la clôture avec la nécessité de séjourner en dehors de la maison en raison de la situation particulière propre aux territoires de missions. Le canon 606 au paragraphe deuxième donne la permission requise du Saint-Siège, d'une façon implicite.

Les Instituts, en effet, qui ont d'autres buts que les missions, du fait même qu'ils prennent la charge d'une mission avec le consentement du Saint-Siège, voient accorder implicitement à leurs missionnaires la permission de séjourner en dehors du cloître pour remplir le ministère apostolique. Comme bien souvent leurs Constitutions se taisent sur ce point, des statuts sont ajoutés afin d'indiquer les règles à suivre dans les territoires de missions. D'autre part, les Instituts essentiellement missionnaires, n'ayant d'autre but que la

205. Cf. c. 679, § 2.
206. Cance, *Le Code de Droit Canonique*, II, 120.

mission composent leurs Constitutions de façon à ce qu'au moins un mode de clôture soit observé par les membres adonnés au ministère apostolique.[207]

En outre, il est bien difficile, en territoire de missions, de déterminer quelles maisons sont soumises à la clôture matérielle telle que demandée par la législation ecclésiastique actuelle. Avant le Code, deux décrets de la Propagande, en date du 26 août 1780 et du 5 mars 1787, étendaient la loi de la clôture à toutes les maisons de missions quelles qu'elles soient.[208] Le Code, par contre, au canon 597, demande que les maisons des réguliers, pour être soumises à cette loi, soient légitimement érigées, c'est-à-dire en conformité avec le canon 497, § 1. Les décrets précédents, de par la force du canon 6, 6°, n'ont donc plus de valeur.[209]

En conséquence, pour que la clôture papale puisse s'appliquer en missions, il faut que les maisons des réguliers soient canoniquement érigées. Même si le droit commun n'exige pas l'observation de la loi de la clôture dans les stations de missions (au sens que nous avons donné plus haut) ou dans les résidences qui ne sont pas des maisons religieuses, les Constitutions presque sans exception, prescrivent quelques observances déterminées sur ce rapport. Celui qui est en charge de la maison doit veiller à assurer le recueillement, à prévenir tout ce qui peut troubler la discipline intérieure ou nuire au progrès spirituel des missionnaires, en voyant à ce que les Constitutions soient observés.[210]

---

207. Masarei, *De Missionum Institutione*, p. 220; Wernz-Vidal, *Ius Canonicum* III, *De Religiosis*, p. 395.
208. *Coll. S. C. P. F.*, nn. 545 et 587; *Fontes*, nn. 4582 et 4614.
209. Barry, *Violation of the Cloister*, The Catholic University of America Canon Law Studies, n. 148 (Washington, D. C.: The Catholic University of America Press, 1942), pp. 89-90; Anonyme, "De Beneplacito Apostolico et Clausura in Missionibus" — *Periodica*, XII (1924), (1)-(3); Coronata, *Institutiones*, I, 795; Vermeersch-Creusen, *Epitome*, n', I. 754; *Masarei, De Missionum Institutione*, p. 221.
210. Masarei, *De Missionum Institutione*, p. 222.

E. Visite des Supérieurs religieux

C'est un point qu'il faut traiter ici plus spécialement à cause de son importance et à cause du danger de conflit qu'il peut y avoir entre le Chef ecclésiastique et le Supérieur religieux.

Les Supérieurs Majeurs désignés par les Constitutions pour la visite la feront, par eux-mêmes ou par d'autres s'ils sont légitimement empêchés, au temps fixé par ces Constitutions, dans toutes les maisons qui leur sont soumises.[211] Le Code laisse donc beaucoup de latitude sur ce point aux Constitutions. En pratique, cette tâche revient au Provincial qui en adresse un rapport au Supérieur Général. Généralement la visite se fait tous les ans.[212] Mais, comme le Provincial ne peut pas d'ordinaire visiter tout les postes dans ce temps, le Supérieur religieux de missions ou de région de missions est communément désigné pour cette fonction. Celui-ci fera le rapport ou au Supérieur Général, ou au Provincial, si la mission est confiée à une province déterminée. Le Supérieur religieux visite les missionnaires en tant que religieux; tandis que le Chef ecclésiastique les visitent en tant que missionnaires; le premier s'enquiert de la vie religieuse, de la discipline régulière, tandis que le second, s'informe de la vie apostolique.[213]

Cette visite doit être locale, personnelle et réelle. Les Constitutions de chaque Institut donnent ordinairement des directions propres à la rendre bien utile et aux membres et à l'Institut. Voici entre autres certains points sur lesquels le Supérieur religieux doit interroger les missionnaires: la discipline régulière; les exercices de piété, entre autres les retraites, la confession fréquente, la lecture spirituelle, la méditation; les familiarités à éviter surtout avec les personnes de l'autre sexe; la pratique de la pauvreté; le port de l'habit selon les coutumes de chaque pays; la frugalité des repas;

---

211. C. 511; Cance, *Le Code de Droit Catholique*, II, 33.
212. Wernz-Vidal, *Ius Canonicum*, III, *De Religiosis*, p. 122.
213. Masarei, *De Missionum Institutione*, pp. 229-230.

la santé des missionnaires; les facilités accordées pour la récitation du bréviaire et la célébration de la messe. De plus, ils doivent s'informer si on lit en public et au temps fixé les constitutions de l'Institut, de même aussi si on lit en public les décrets dont le Saint-Siège ordonne la lecture publique, selon le canon 509, § 2, 1°; si on observe la loi des conférences ecclésiastiques, comme le demande le canon 591. Enfin, ils ne négligeront pas de s'enquérir si leurs subordonnés évitent l'oisiveté pernicieuse; s'ils pratiquent la charité envers leurs égaux et envers les inférieurs; s'ils pratiquent l'obéissance et la révérence envers les Supérieurs.[214]

Il reste une dernière question à nous poser. Est-ce que la vie apostolique est absolument exclue de la visite du Supérieur religieux ? Ni le canon 296, ni l'Instruction de la Sacrée Congrégation de la Propagande du 8 décembre 1929, ne défendent au Supérieur religieux de s'informer du ministère apostolique lors de sa visite.

Le Supérieur religieux peut s'enquérir de la manière dont les missionnaires remplissent le ministère sacré, mais dans un autre but que le chef ecclésiastique. Il doit se renseigner sur la vertu et sur le soin de la perfection chrétienne de ses missionnaires. C'est pourquoi il lui faut se rendre compte de leur activité apostolique afin de s'assurer qu'elle ne nuit pas à leur propre perfection; afin de connaître mieux l'obligation prise par l'Institut et de proposer ainsi des sujets aptes à telle ou telle charge; afin d'affermir l'autorité du chef ecclésiastique et de justifier ses commandements, ses ordonnances. Si le Supérieur religieux dépasse les limites que le droit et les Constitutions mettent à cette visite, il agit illicitement.[215]

---

214. Masarei, *De Missionum Institutione*, pp. 231-232.
215. S. C. de Prop. Fide, instr., 8 dec. 1929 — *AAS*, XXII (1930), 114-115; Masarei, *De Missionum Institutione*, p. 235.

CHAPITRE V

RELATIONS CANONIQUES DES MISSIONNAIRES VIS-A-VIS DE LEURS SUPERIEURS

Nous avons vu dans le chapitre précédent les relations canoniques entre les Supérieurs (ecclésiastiques et religieux) et leurs missionnaires. Il nous reste à examiner maintenant les relations entre les missionnaires et leurs Supérieurs.

ARTICLE I: DIFFERENTES CATEGORIES DE MISSIONAIRES

A. Les Missionnaires séculiers

a. Les missionnaires séculiers étrangers

Les missionnaires séculiers étrangers qui se consacrent à l'oeuvre des missions ou bien sont envoyés directement par la Propagande ou encore, avec les permissions de cette Sacrée Congrégation, de leurs Ordinaires *« a quo »* et *« ad quem »*, y viennent étendre le royaume de Dieu.

Dans le premier cas, c'est-à-dire quand ils sont directement envoyés par la Propagande, le Chef ecclésiastique est tenu de les accepter.[1] Dans le deuxième cas, plusieurs situations peuvent se présenter. Le clerc peut avoir été ordonné « titulo missionis » selon le canon 981, § 1. Il lui faut alors émettre le serment requis par ce même canon. En plus il doit servir la mission déterminée à laquelle il s'est donné: il ne peut la quitter et passer à une autre sans indult du Saint-Siège.[2] Le missionnaire séculier peut aussi, une fois incardiné dans un diocèse, en observant les prescriptions exigées par le Droit canonique pour l'excardination et l'incardination, se donner à une mission déterminée. De même aussi l'Evêque peut ordonner un de ses sujets qui serait destiné dans l'avenir (après une excardination et une incardination faites con-

1. Cf. c. 1350, § 2.
2. Coronata, *De Sacramentis*, II, 114.

formément au droit) au service d'un vicariat ou d'une préfecture apostolique ou d'une mission « *sui iuris* ». Dans ces cas, il faut obtenir la permission de la Propagande et des deux Ordinaires « *a quo* » et « *ad quem* ».[3]

Enfin, le missionnaire séculier peut se donner à une mission déterminée, tout en restant incardiné à son propre diocèse. Le canon 144, § 2, le permet, pourvu qu'il obtienne la permission de son Ordinaire. Il peut alors être rappelé pour un juste motif sous la réserve que l'équité naturelle sera observée. La permission de la Propagande est aussi requise.[4]

Dans tous ces cas, les Chefs ecclésiastiques peuvent et doivent exiger de ces missionnaires la présentation des lettres patentes ou autres qui sont pour eux le titre de leur mission, destination, constitution ou députation, et ils peuvent et doivent interdire tout ministère à ceux qui refuseront de présenter les lettres susdites.[5] En plus, tous doivent demander aux Vicaires apostoliques, aux Préfets apostoliques ou aux Supérieurs de missions autonomes la permission d'exercer le saint ministère; ceux-ci ne la refuseront que pour une cause grave.[6]

b. Le prêtre séculier indigène

Le Code fait une grave obligation de conscience aux Chefs ecclésiastiques d'avoir très grand soin de former des clercs d'une vertu éprouvée parmi les chrétiens qui sont indigènes ou qui habitent la région et de les promouvoir au sacerdoce.[7] Ces clercs doivent être incardinés en conformité avec

---

3. Cf. cc. 969, § 2, et 295, § 1; Masarei, *De Missionum Institutione*, p. 240.
4. Cance, *Le Code de Droit Canonique*, I, 168; Masarei, *De Missionum Institutione*, p. 240.
5. C. 295, § 1; Cance, *Le Code de Droit Canonique*, I, 296.
6. C. 295, § 2; Cance, *Le Code de Droit Canonique*, I, 296.
7. C. 305; Cance cite quelques documents pontificaux qui ont rappelé cette obligation: Clemens IX, const. "*Speculatores*", 13 sept. 1669 — *Fontes*, n. 245; Leo XIII, litt. encycl. "*Ad extremas Orientis*", 24 iun. 1893 — *Fontes*, n. 618; Benedictus XV, litt. encycl. "*Maximum illud*", 30 nov. 1919 — *AAS*, XI (1919), 440; S. C. de Prop. Fide, litt. "*Commenda ad Superiores*", 20 maii 1923 — *AAS* XV (1923), 369-370; Pius XI, litt. encycl. "*Rerum Ecclesiae*", 28 febr. 1926 — *AAS*, XVIII (1926), 73-77, Cf. Cance *Le Code de Droit Canonique*, I, 300.

les règles du Code. Leur titre d'ordination sera généralement celui de mission.[8]

B. *Les missionnaires religieux*

S'il s'agit de religieux qui ne font pas partie de l'Institut à qui la mission est confiée, il leur faut obtenir la permission de leur Supérieur religieux en plus de celle de la Propagande. Le Chef ecclésiastique qui les reçoit dans son territoire peut et doit exiger la présentation des lettres requises par le canon 205, § 1. Ces religieux, même s'ils sont exempts, doivent demander au Chef de mission la permission d'exercer le saint ministère dans le territoire.[9]

La plupart du temps, les territoires de missions sont confiés à des Instituts religieux. Dans ce cas, la destination des missionnaires à la mission par la Propagande se fait médiatement, par l'entremise de l'Institut à qui est remis le soin de la mission avec charge d'envoyer des ouvriers évangéliques.

En pratique, comme ces religieux sont régulièrement présentés par leurs Supérieurs religieux, le Chef ecclésiastique n'exigera pas de chacun d'eux les lettres demandées par le canon 295, § 1. Cependant, le Chef ecclésiastique a le pouvoir et le devoir d'exiger même des religieux exempts quelque témoignage qui fasse foi de leur députation légitime.[10]

Par contre, tous les religieux, même les réguliers, doivent demander au Chef ecclésiastique l'autorisation d'exercer le saint ministère et l'obtenir. Celui-ci ne la refusera qu'à des particuliers (et non à tous les membres d'un Institut) et pour une cause grave. Ce motif grave peut être l'ignorance de la langue indigène ou la négligence dans l'étude de cette dernière.[11]

---

8. Cf. c. 981, § 1 et 2.
9. C. 295, § 2.
10. Vermeersch-Creusen, *Epitome*, I, n. 408; Coronata, *Institutiones*, I, 450; Masarei, *De Missionum Institutione*, p. 241; Gérin, *Le Gouvernement des Missions*, p. 215.
11. C. 295, § 2; Gérin, *Le Gouvernement des Missions*, p. 215.

Quand il s'agit de nommer les quasi-curés à la tête des quasi-paroisses confiées à des religieux, le Supérieur religieux, qui, selon les Constitutions de l'Institut, est compétent pour proposer un prêtre de sa religion, présente un de ses sujets à l'Ordinaire du lieu. Celui-ci, après avoir apprécié les qualités du candidat, suivant les règles portées par le canon 459, § 3, lui donne l'institution canonique.[12]

Pour la nomination des vicaires coopérateurs, le Supérieur religieux compétent, après avoir pris l'avis du quasi-curé, présente un candidat à l'Ordinaire du lieu. Celui-ci l'approuve. Cette présentation ne confère cependant aucun droit à l'office, ni ne confie aucune charge d'âmes.[13]

D'après le canon 20, il semble qu'il faille suivre la même norme pour nommer les titulaires et les vicaires coopérateurs dans les postes qui ne sont pas encore érigés canoniquement en quasi-paroisses, car, pour suppléer aux lacunes de la loi, il faut recourir aux lois canoniques portées pour des cas semblables.[14]

C. *Les quasi-religieux*

On entend par quasi-religieux les membres des Sociétés qui vivent en commun, sous la dépendance d'un Supérieur selon des Constitutions approuvées, imitent le mode de vivre des religieux, mais ne sont pas astreints aux trois voeux publics de pauvreté, chasteté et obéissance. Certaines de ces Sociétés jouissent même du privilège de l'exemption par indult du Saint-Siège.[15]

Rome a aussi coutume de confier à ces Sociétés la charge de certaines missions. Ce que nous venons de dire au sujet des religieux missionnaires s'applique également aux membres de ces Sociétés.

12. Cf. cc. 456 et 451, § 2, 1°.
13. Cf. c. 476, § 4.
14. Cf. c. 20.
15. Cf. c. 673.

O. *Les auxiliaires*

Jusqu'ici, nous avons parlé des prêtres missionnaires. A côté d'eux, il y a un grand nombre d'auxiliaires qui travaillent aussi à l'expansion du royaume de Dieu: les frères enseignants et coadjuteurs, et les religieuses. Ces auxiliaires sont appelés au champ d'apostolat non pas par le Saint-Siège, mais par les Chefs ecclésiastiques et les Instituts à qui la mission est confiée.[16] Bien souvent aussi ces auxiliaires sont des membres de l'Institut auquel est confié le territoire missionnaire.

Le Chef ecclésiastique ne doit appeler ces auxiliaires que dans la mesure où ils sont nécessaires ou utiles aux oeuvres de la mission. Ils se chargent du soin des hôpitaux, des dispensaires, des orphelinats des écoles, ou encore ils s'adonnent à la construction et à l'entretien des églises, des chapelles, des maisons des religieux, des écoles etc. Si ces auxiliaires ne font pas partie de l'Institut chargé de la mission, le Chef ecclésiastique devra s'entendre avec le Supérieur de l'Institut en question avant de les faire venir. S'ils ne s'accordent pas entre eux, la question devra être portée à la Propagande.[17]

Notons ici, comme nous l'avons dit au chapitre précédent, que le Chef ecclésiastique n'a pas une autorité plus grande sur les religieuses que les Ordinaires dans les pays hiérarchiquement organisés. Il faut cependant tenir compte des conventions passées entre l'Institut et l'Ordinaire.

Enfin, une dernière remarque s'impose. Il n'est nullement interdit que des Instituts religieux indigènes soient fondés en territoires de missions. Dans ce cas, le Chef ecclésiastique a en principe vis-à-vis de ces Instituts les mêmes droits que le Code accorde aux Evêques ordinaires.[18]

---

16. Masarei, *De Missionum Institutione*, p. 154.
17. Benedictus XV, litt. encycl. "*Maximum illud*", 30 nov. 1919 — *AAS*, XI (1919), 443; Instruction de la Propagande du 8 décembre 1929 — *AAS*, XXII (1930), 113; Masarei, *De Missionum Institutione*, p. 240.
18. Instruction de la Propagande du 8 décembre 1929 — *AAS*, XXII (1930), 113; Gérin, *Le Gouvernement des Missions*, p. 218.

ARTICLE II: OBEISSANCES DES MISSIONNAIRES A LEURS SUPERIEURS

A. Les missionnaires séculiers

Pour les missionnaires séculiers, leur situation ne présente aucune difficulté spéciale. Leur seul Supérieur est le Chef ecclésiastique. En vertu du pouvoir de juridiction dont jouit celui-ci, tous doivent obéissance à ses ordres et sont tenus de lui témoigner une grande révérence. De fait, les droits et les pouvoirs de ces Supérieurs de missions sont les mêmes que ceux des Evêques résidentiels dans leurs diocèses, à moins que le Saint-Siège n'ait fait quelques exceptions.[19] Le pouvoir de juridiction qui appartient au Chef ecclésiastique impose à ceux qui lui sont soumis l'obligation de lui obéir dans les limites où elle s'exerce. Les missionnaires séculiers sont donc astreints à tous ses règlements., ordonnances et préceptes.

B. Les missionnaires religieux et quasi-religieux

Quant aux religieux et aux quasi-religieux, ils sont soumis et au Chef ecclésiastique et au Supérieur religieux. En général, ils sont placés sous la juridiction du Chef ecclésiastique, sauf les exempts, dans la mesure où cette exemption doit s'exercer conformément au Code. Ils doivent donc obéissance et révérence à leur Supérieur de mission.[20]

En plus du devoir d'obéissance au Chef ecclésiastique, ils ont aussi celui de se soumettre à leurs Supérieurs religieux. Ceux-ci exercent sur eux le pouvoir dominatif ou bien, dans les religions cléricales exemptes, dans la mesure où elles jouissent du privilège de l'exemption en territoire missionnaire, le pouvoir de juridiction.

Les auteurs enseignent communément que le voeu d'obéissance n'oblige pas si le Supérieur commande quelque chose qui est contraire à la règle, ou bien au dessous ou au

19. Cf. cc. 127 et 294 § 1.
20. Cf. cc. 501, § 1, et 618, § 1. Nous avons vu au chapitre précédent en quoi consistait l'exemption des religieux et des quasi-religieux exempts en territoire de missions.

dessus de la règle mais seulement quand il ordonne quelque chose en conformité avec la règle, ce qui comprend aussi ce sans quoi les règles ou les constitutions ne peuvent pas être commodément observées; ceci se trouve alors implicitement contenu dans les règles ou les constitutions. Enfin, le religieux est tenu d'observer sa règle par son voeu d'obéissance dans les seuls cas où le Supérieur impose un précepte formel et spécial « au nom de la sainte obéissance ». Certains Instituts requièrent même, quand le précepte est imposé à un particulier, qu'il soit donné par écrit ou encore en présence de deux témoins. Parfois, le pouvoir du Supérieur local est restreint sur ce point. Ce sont les Constitutions de chaque Institut qui déterminent celui qui peut commander au nom du voeu d'obéissance. A part ces cas, le religieux est tenu d'obéir par la seule vertu d'obéissance. D'où l'on voit qu'il ne faut pas facilement présumer que les Supérieurs commandent au nom du voeu d'obéissance.[21]

Pour les quasi-religieux, la situation est la même, mais au lieu des voeux publics, il s'agit soi d'un voeu privé, soit d'une promesse, soit d'un serment. Comme pour les religieux, la présomption est qu'un Supérieur ne commande que par la vertu d'obéissance et non pas au nom du serment, de la promesse ou du voeu privé d'obéissance. Presque toujours, les Constitutions donnent des précisions sur ce point.

Dans les Instituts de droit diocésain, l'Ordinaire du lieu a le pouvoir de juridiction. S'il est en même temps Supérieur Général, il a en plus le pouvoir dominatif. Enfin, il va sans dire que le Souverain Pontife a sur tous les Instituts ces deux mêmes pouvoirs.[22]

ARTICLE III: CONFLIT ENTRE LES DIFFERENTS SUPERIEURS

Si les sujets restent toujours soumis à l'autorité de leurs Supérieurs, le progrès de la mission ne peut qu'être assuré. Cependant, parfois, malgré la bonne volonté des Supérieurs,

21. Coronata, *Institutiones*, I, 782.
22. C. 499; Regatillo, *Institutiones Juris Canonici*, I, 322; Beste, *Introductio in Codicem*, 326.

il y aura conflit entre les deux autorités, entre le Chef de mission et le Supérieur religieux. D'autre part le missionnaire religieux ou quasi-religieux est soumis au Chef ecclésiastique pour ce qui regarde la vie apostolique; pour ce qui concerne la vie religieuse, au Supérieur religieux. Il est donc utile de donner ici quelques principes qui pourront aider à éviter dans la mesure du possible les frictions entre les deux autorités.[23]

La célèbre Instruction de la Sacrée Congrégation de la Propagande en date du 8 décembre 1929 est riche de précisions qui tendent à adoucir ces conflits d'autorité. Elle demande aux Chefs ecclésiastiques d'user de prudence et de délibération dans leur gouvernement, dans l'exercice de leur autorité. Ils ne doivent pas seulement faire grand cas du Conseil des missions qu'ils sont tenus d'établir et de consulter, comme le demande le canon 302; mais, aussi, il faut qu'ils prennent en sérieuse considération le jugement et l'avis du Supérieur religieux. Comme ces deux Supérieurs ont autorité sur le même missionnaire, il est bien important qu'ils agissent en harmonie.[24]

Le canon 303 demande aussi au Chef ecclésiastique, dans la mesure où le permettront les circonstances opportunes, de réunir, au moins une fois l'an, les missionnaires religieux, quasi-religieux et séculiers de leur territoire ou du moins les principaux d'entre eux, afin qu'ils puissent voir ce qu'il y a de mieux à faire à la lumière de l'expérience et des conseils des susdits missionnaires.[25]

Quand le Chef ecclésiastique nomme ou change les Supérieurs de poste ou encore quand il assigne les missionnaires à différents postes ou fonctions, la même Instruction demande à ce Chef de collaborer ou de s'entendre avec le Supérieur religieux. De fait, celui-ci est généralement mieux placé pour connaître davantage le caractère de ses missionnaires, leurs

---

23. Nous avons donné, dans le chapitre précédent plusieurs principes qui établissent les droits des différents Supérieurs; ils aideront à la solution des conflits d'autorité.
24. *AAS*, XXII (1930), 113-114.
25. Cance, *Le Code de Droit Canonique*, I, 299.

aptitudes, leurs talents et leurs vertus. Ainsi, le Supérieur religieux proposera les supérieurs de postes et les différents sujets aptes à remplir les diverses charges.[26]

S'il y a quand même conflit entre les dispositions du Chef ecclésiastique et celles du Supérieur religieux sur ce qui concerne le gouvernement de la mission; la charge des âmes; l'administration des sacrements; la direction des écoles; les offrandes faites en vue des missions; l'accomplissement des pieuses intentions en faveur des missions; l'exercice du ministère sacré; le maintien de la discipline dans le peuple: l'observation des fêtes; l'institution des Séminaires et la formation des clercs, spécialement du clergé indigène; dans tous ces cas, la décision du Chef ecclésiastique doit prévaloir, sans préjudice toutefois pour le Supérieur religieux du droit de recours au Saint-Siège qui n'est que dévolutif et des rescrits particuliers qui seraient approuvés par l'autorité suprême.[27]

La raison en est que la nature de l'autorité du Chef ecclésiastique l'emporte sur celle du Supérieur religieux: le Chef ecclésiastique jouit de l'autorité vicariale du Souverain Pontife. Si dans ces cas de désaccord, l'autorité religieuse prévalait, les missionnaires devraient obéir à leur Supérieur religieux plutôt qu'au Saint-Siège: ce qui est contre l'ordre.[28]

Dans un cas de conflit entre ce qui est essentiel à la perfection et ce qui est essentiel à l'apostolat, la perfection propre des missionnaires prévaut: c'est ce qui est le plus nécessaire; mais, quand il s'agit d'obligations non essentielles de la vie religieuse, l'exercice du zèle doit avoir la préférence, pourvu cependant que ce conflit ne se produise pas de façon habituelle. Avant tout, il faut toujours essayer de régler le cas amicalement et pacifiquement. De plus, il est bon de se souvenir que si l'autorité du Chef ecclésiastique s'imposait trop souvent à l'encontre de celle du Supérieur religieux, l'autorité religieuse en serait dépréciée et la discipline régulière en

26. *AAS*, XXII (1930), 114.
27. Cf. c. 296, § 2; *AAS*, XXII (1930), 115.
28. Masarei, *De Missionum Institutione*, p. 254.

souffrirait. C'est pourquoi, le Code donne aux Supérieurs religieux le droit de recours dévolutif au Saint-Siège.[29]

Enfin, le droit seul ne peut pas prévenir et résoudre tous les conflits. Par contre, l'équité et la charité ont plus de pouvoir pour engendrer la parfaite concorde. Les Chefs ecclésiastiques useront de leur droits avec équité, c'est-à-dire avec modération, compréhension, avec gratitude, La rigidité des règles de droit sera adoucie par d'autres règles de la loi naturelle et positive et aussi par un examen précis des circonsances et des faits: le législateur n'a pas pu prévoir tous les cas, toutes les circonstances. Le Chef ecclésiastique, dans la mesure du possible, s'efforcera de voir toujours quelle a été l'intention du législateur.[30]

De leur côté, les Supérieurs religieux approuveront et soutiendront fortement les desseins et les entreprises des Chefs ecclésiastiques devant leurs sujets, défendront leur autorité et verront à ce que tous professent à l'égard de ces Supérieurs de Missions une parfaite obéissance et un grand respect. Ainsi, Dieu aidant, l'harmonie et l'union des âmes apporteront la paix et la tranquillité aux missionnaires qui travaillent dans la vigne du Seigneur. Leurs efforts apostoliques seront couronnés de succès. Ce sont les voeux de l'Instruction de la Sacrée Congrégation de la Propagande du 8 décembre 1929, fête de l'Immaculée Conception.[31] Que la Sainte Vierge protège tous ses missionnaires et les aide à vivre toujours dans une harmonieuse charité.

---

29. Masarei, *De Missionum Institutione*, pp. 254-255.
30. Roelker, "The meaning of *aequitas*, *aequus* and *aeque* in the Code of Canon Law. *The Jurist* (Washington, D. C., 1941-), VI (1946), 258-259; St. Thomas Aquinas, *Summa Theologica* (6 vols., Taurini: Marietti, 1932), Ia, IIae, q. 96, a. 6, ad 3.
31. *AAS*, XXII (1930), 115.

CONCLUSIONS

1. La création des Vicaires apostoliques a été amenée par les circonstances politiques. Le Saint-Siège envoya lui-même des représentants pour gouverner au nom du Souverain Pontife les territoires des colonies portugaises, laissées sans évêques par le gouvernement portugais.

2. Les Préfets apostoliques tels que nous les trouvons aujourd'hui en territoire de missions ont pris naissance au dix-neuvième siècle seulement. Il faut les distinguer des Préfets de Mission dont le Code a fait disparaître toute trace.

3. La charge du Supérieur de Mission autonome ou « *sui iuris* » est une création récente. Elle fut établie le 12 septembre 1896 par la Propagande. Ce Supérieur jouit d'un pouvoir ordinaire tout comme le Vicaire et le Préfet apostoliques.

4. Le décret d'érection d'une quasi-paroisse n'est pas nécessaire à la validité de cette érection.

5. Les Ordinaires de Missions n'ont pas une autorité plus grande sur les Religieuses que les Ordinaires en pays hiérarchiquement organisés.

6. Les religieux, même exempts, sont obligés d'observer les lois particulières imposées par le Chef ecclésiastique relativement au canon 1261, § 1. Le Chef ecclésiastique a droit de visiter leurs églises et leurs oratoires publics pour contrôler leur obéissance, mais seulement s'il s'agit d'une loi particulière de ce Chef ecclésiastique et dans le seul cas où il a obtenu des informations positives que ses propres lois ne sont

pas observées. Il n'a pas ce droit de visite s'il s'agit d'une loi commandant l'observation d'une loi commune.

7. Les postulats et les écoles apostoliques même des religieux exempts ne sont pas exempts de la visite de l'Ordinaire pour ce qui concerne l'instruction religieuse et morale: le Code au canon 1382 parle des profès. Cependant, il faut ajouter que, comme le Code ne révoque pas les privilèges ici, ces écoles ont conservé leur privilège d'exemption sur ce point si elles le possédaient avant la parution du Code.

BIBLIOGRAPHIE

SOURCES

Acta Apostolicae Sedis, Commentarium Officiale, Romae, 1909.

Appendix ad Bullarium Pontificium S. Congregationis de Propaganda Fide, Romae: Typis Collegii Urbani (s.d.).

Bullarium Pontificium S. Congreganis de Ppropaganda Fide, ed. S. Bayer, 8 vols., Romae: Typis Collegii Urbani, 1839-1858.

Codex Iuris Canonici Pii X Pontificis Maximi iussu digestus Benedicti Papae XV auctoritate promulgatus, Romae: Typis Polyglottis Vaticanis, 1917.

Codicis Iuris Canonici Fontes, cura Emri Petri Card. Gasparri editi, 9 vols., Romae (postea civitate Vaticana): Typis Vaticanis, 1923-1939. Vols. VII-IX, cura et studio Emri Card. Serédi.

Collectanea S. Congregationis de Propaganda Fide Seu Decreta — Instructiones — Rescripta pro apostolicis Missionibus. Vol. I (ann. 1622-1866), No. 1-1299; Vol. II (ann. 1867-1906), Nn. 1300, 2317; Romae: Typographia Polyglotta, 1907.

Ius Pontificium de Propaganda Fide, ed. R., Pars Prima, 7 vols., 1888 1888-1897; Pars Secunda, 1 vol., 1909, Romae: Typographia Polyglotta.

Sylloge Praecipuorum documentorum recentium Summorum Pontificium et S. Congregationis de Propaganda Fide necnon aliarum SS. Congregationum Romanarum ad usum missionariorum, Romae: TypisPolyglottis Vaticanis, 1939.

AUTEURS

Aertnys, J. Damen, C.A., *Theologia Moralis*, Vol. II, 14, ed., Taurini: Marietti, 1944.

Augustine, Charles, *A Commentary on the New Code of Canon Law*, 8 vols., Vol. III, 5. ed., 1938; Vol. VI, 3. ed., 1931, St. Louis: Herder Book Co.

————Rights and Duties of Ordinairies, St. Louis: Herder Book Co. 1924.

Baart, P.A., *The Roman Court*, 4. ed., New-York: Pustet, 1899.

Bouix, Marie Domnique, *Tractatus de Curia Romana, Parisiis:* Bourget, Calas & Co., 1859.

Bouscaren, T. Lincoln, *The Canon Law Digest*, 2 vols., Milwaukee: Bruce Publishing Co, 1934-1943.

Burton, Edwin, *The Life and Times of Bishop Challoner* (1691-1781), 2 vols., New-York: Longmans, 1909.

Cance, Adrien, *Le Code de Droit Canonique*, 3 vols., Vol. I, 5. ed. 1938; Vols II-III, 5. ed., 1934.

Cappello, Felix, *Tractatus Canonico-Moralis de Sacramentis*, Vol. II, Pars I, *De paenitentia*, 4. ed., Taurini: Marietti, 1944.

Catholic Encyclopedia, The, 15 vols., Index and 2 Supplements, New-York, 1907-1922.

Comyns, Joseph J., *Papal and Episcopal Administration of Church Property*, The Catholic University of America Canon Law Studies, n. 147, Washington, D.C.: The Catholic University of America Press, 1942.

Coronata, Matthaeus Conte a, *Institutiones Iuris Canonici*, 5. vols., Vol. I, 2. ed., 1939; Vol. II, 2. ed., 1939, Taurini: Marietti.

———*Institutiones Iuris Canonici ad Usum Utrisque Cleri et Scholarum, De Sacramentis*, 3 vols., Vol. I, 1943, Taurini: Marietti.

Engelhardt, Zephirin, *The Missions and Missionaries of California*, 4 vols., San Francisco: The James H. Barry Company, 1909-1915.

Gérin, Marcel, *Le Gouvernement des Missions*, Les thèses Canoniques de Laval, Québec, n. I, 1944. (éditeur inconnu.)

Goyau, Georges, *Missions et Missionnaires*, Paris: Librairie Bloud & Gay, 1931.

Guilday, Peter, *The English Catholic Refugees on the Continent*, 1558-1795, New-York-Longmans, Green & Co., 1914.

Gentrup, Theodorus, *Jus Missionarium*, Steyl. Tipographia domus Missionum a S. Michaele Archangelo, 1925.

Guide des Missions Catholiques — Publié sous le haut patronage de la Sacrée Congrégation de la Propagande. Edition Française, en trois tomes, publiée par les soins de l'oeuvre Pont. de la Prop. de la Foi, Paris, 5, rue Monsieur, 1936-1937.

Heston, Edward Louis, *The Alienation of Church Property in the United States*, The Catholic University of America Canon Law Studies, n. 132, Washington, D.C.: The Catholic University of America Press, 1941.

Lee, Ferdinand, *Superiors, Missionary and Religious.* A Dissertation submitted to the Faculty of Canon Law of the Catholic University of America in Partial Fulfillments of the Requirements for the Degree of Licentiate in Canon Law, 1940 (déposé à la Nullen Library, Catholic University of America, Washington D.C.).

Masarei, Seraphinus, *De Missionum Institutione ac de Relationibus inter Superiores Missionum et Superiores Religiosos*, Romae: Apud Institutum Graphicum Tiberinum, 1940.

Michiels, Gommarus, *Principia Generalia de personis in Ecclesia*, Lublinii: 1932.

McVann, James, *The Canon Law on Sermon Preaching*, A Doctoral Dissertation in the Faculty of Canon Law of the Pontifical Gregorian University of Rome, New-York: The Paulist Press, 1940.

Noldin, H., *Summa Theologiae Moralis*, III, *De Sacramentis*, 14. ed., Oeniponte: Rouch, 1923.

O'Brien, Joseph, D., *The Exemption of Religious in Church Law*, Milwaukee: The Bruce Publishing Company, 1942.

Piatus Montensis, *Praelectiones Juris Regularis*, 3 vols., Tornaci, 1888-1891.

Reilly, Thomas F., *Visitation of Religious*, The Catholic University of America Canon Law Studies, n. 112, Washington, D.C.: The Catholic University of America, 1938.

Schmidlin, J.-Braun, M., *Catholic History, Techny:* Mission Press, S. V. D., 1933.

Schmidlin, Joseph, *Catholic Mission Theory* (une traduction), Techny: Mission Press, S. V. D., 1931.

Slafkosky, Andrew Leonard, *The Canonical Episcopal Visitation of the Diocese*, The Catholic University of America Canon Law Studies, n. 142, Washington, D.C.: The Catholic University of America Press, 1941.

Snead-Cox, John George, *Life of Cardinal Vaughan*, 2 vols., London, 1910.

Steele, Sir, Richard, *An Account of the State of the Roman-Catholic Religion throughout the World*, 2. ed., London, 1716.

Taunton, Ethelred, *The English Black Monks of St. Benedict*, 2 vols., London, 1898.

Thomas a Jesu, *De procuranda salute gentium, schismaticorum haereticorum, Judaeorum, Saracenorum, caeterorumque infidelium Libri XII*, Antwerpiae. 1618.

Tremblay, Roland, *Le pouvoir de dispenser des empêchements matrimoniaux en pays de Mission*, Les Thèses Canoniques de Laval, n. 2, Québec, 1944. (éditeur inconnu)

Vermeersch, A.-Creusen, J., *Epitome Iuris Canonici*, 3 vols., Vol. I, 6. ed., 1937; Vol. II, 6. ed., 1940, Mechliniae-Romae; Dessain.

Vermeersch, A., *De Religiosis, Institutis et Personis*, 2 vols., Brugis, 1902-1909.

Vromant, G., *Ius Missionariorum: Introductio et Normae Generales*, Louvanii: Museum Lessianum, 1934.

———*De Personis*, 2. ed., Louvantii: Museum Lessianum, 1935.

Wernz-F.X.-Vidal, P., *Ius Canonicum*, 7 vols. in 8, Vol. II, 3 ed. 1943; Vol. III, 1933; Vol. IV, Pars II, 1935, Romae: Apud Aedes Universitatis Gregorianae.

Winslow, Francis Joseph, *Vicars and Prefects Apostolic*, The Catholic University of Americas Canon Law Studies, n. 24, Washington, D.C.: The Catholic University of America, 1924.

Zitelli, Zephirinus, *Apparatus Iuris Ecclesiastici*, Romae, 1886.

ARTICLES

Bartocetti, V., « De fontibus Iuris Missionarii exceptionalis » — *Jus Pontificium.*

Ellis, A. C., « De auctoritate Ordinarii loci in sorones operi missionali addictas » — *Periodica,* XXVI (1937), 480.

Goyeneche, C., « Consultationes » — *CpR,* I (1920), 144.

Kraemer, P., « An Ius Visitandi Domes vel saltem Ecclesias Regularium Ordinario Loci Competat ? » — *CpR,* IX (1928)», 245-248.

Larraona, A., « Commentarium Codicis » — *CpR,* XIII (1932), 24-35; 92-99.

Marcellus a P. Jesu., « De Exemptione Ecclesiarum Regularium a Canonica Visitatione » — *CpR,* IX (1928), 235-244.

Roelker, E., « The Meaning of "aequitas and aeque in the Code of Canon Law » — *The Jurist,* VI (1946), 239-274.

Vermeersch, A., « De temporalium bonorum possessione et administratione in missionalibus externis » — *Periodica,* VI (1912), (1)-(5); (17)-(21); (41)-(56).

Vromant, G., « De Auctoritate qua Missiones Gubernantur » — *JP,* XI (1931), 62-74. « Délégué apostolique et Ordinaires de Missions » — NRT, LIX (1932), 57-65.

PERIODIQUES

Analecta Iuris Pontificii, Recueil de dissertation sur différents sujets de droit canonique, liturgie, théologie, histoire, Romae, 1852-1869; Paris, 1869-1891. (De 1893 à 1911, cette revue fut publiée sous le nom de: *Analecta ecclesiastica*).

Apollinaris, Romae, 1928.

Commentarium pro Religiosis (après 1935, *Commentarium pro Religiosis et Missionariis*), Romae 1920.

Jurist, The, Washington, D.C., 1941.

Jus Pontificium, Romae, 1921.

Nouvelle Revue Théologique, Paris, 1921.

Periodica de Re Canonica et Morali utili praesertim Religiosis et Missionariis, Bruges, 1906-; après 1927; *Periodica de Re Morali, Canonica, Liturgica.*

ABREVIATIONS

AAS—Acta Apostolicae Sedis.

Coll. S.C.P.F.—Collectanea Sacrae Congregationis de Propaganda Fide.

CpRM—Commentarium pro Religiosis, et Missionnariis.

Fontes—Codicis Iuris Canonici Fontes cura. Gasparri editi.

J.P.—Jus Pontificium.

Ius Pontificium de P. F.—Ius Pontificium de Propaganda Fide.

NRT—Nouvelle Revue Théologique.

Periodica—Periodica de Re Canonica et Morali, etc.

INDEX ALPHABETIQUE

NOTICE BIOGRAPHIQUE

Germain Lafontaine est né à Saint-Frédéric de Tring, Province de Québec, Canada, le 14 mai 1917. Il fit ses études primaires à Sherbrooke, à l'Académie Saint-Jean-Baptiste, dirigée par les Frères du Sacré-Coeur, ses études classiques au Séminaire Saint-Charles-Borromée de Sherbrooke. En juin 1939, il obtint son Baccalauréat ès Arts de l'Université de Montréal. En septembre de la même année, il entra chez les Pères Blancs, Missionnaires d'Afrique. Il fut ordonné prêtre le 3 juin 1944. En octobre 1944, il s'inscrivit à l'Université Catholique d'Amérique dans la Faculté de Droit canonique. Il y obtint, en mai 1945, le titre de Bachelier et, enfin, en juin 1946, sa Licence en Droit Canonique.

CANON LAW STUDIES*

1. FRERIKS, REV. CELESTINE A., C.PP.S., J.C.D., Religious Congregations in Their External Relations, 121, pp. 1916.
2. GALLIHER, REV. DANIEL M., O.P., J.C.D., Canonical Elections, 117 pp., 1917.
3. BORBOWSKI, REV. AURELIUS L., O.F.M., J.C.D., De Confraternitatibus Ecclesiasticis, 136, pp., 1918.
4. CASTILLO, REV. CAYO, J.C.D., Disertacion Historico-Canonica sobre la Potestad del Cabildo en Dede Vacante o Imperida del Vicario Capitular, 99 pp., 1919 (1918).
5. KUBELBECK, REV. WILLIAM J., S.T.B., J.C.D., The Sacred Penitentiaria and Its Relation to Faculties of Ordinaries and Priests, 129 pp., 1918.
6. PETROVITS, REV. JOSEPH, J.C., S.T.D., J.C.D., The New Church Law on Matrimony, X-461 pp., 1919.
7. HICKEY, REV. JOHN J., S.T.B., J.C.D., Irregularities and Simple Impediments in the New Code of Canon Law, 100 pp., 1920.
8. KLEKOTKA, REV. PETER J., S.T.B., J.C.D., Diocesan Consultors, 179 pp., 1920.
9. WANENMACHER, REV. FRANCIS, J.C.D., The Evidence in Ecclesiastical Procedure Affecting the Marriage Bond, 1920 (Printed 1935).
10. GOLDEN, REV. HENRY FRANCIS, J.C.D., Parochial Benefices in the New Code, IV-119 pp., 1921 (Printed 1925).
11. KOUDELKA, REV. CHARLES J., J.C.D., Pastors, Their Rights and Duties According to the New Code of Canon Law, 211 pp., 1921.
12. MELO, REV. ANTONIUS, O.F.M., J.C.D., De Exemptione Regularium, X-188 pp., 1921.
13. SCHAAF, REV. VALENTINE THEODORE, O.F.M., S.T.B., J.C.D., The Cloister, X-180 pp., 1921.
14. BURKE, REV. THOMAS JOSEPH, S.T.D., J.C.D., Competence in Ecclesiastical Tribunals, IV-117 pp., 1922.
15. LEECH, REV. GEORGE LEO, J.C.D., A Comparative Study of the Constitution "Apostolicae Sedis" and the "Codex Juris Canonici", 179 pp., 1922.
16. MOTRY, REV. HUBERT LOUIS, S.T.D., J.C.D., Diocesan Faculties According to the Code of Canon Law, II-167 pp. 1922.
17. MURPHY, REV. GEORGE LAWRENCE, J.C.D., Delinquencies and Penalties in the Administration and the Reception of the Sacraments, IV-121 pp., 1923.
18. O'REILLY, REV. JOHN ANTHONY, S.T.B., J.C.D., Ecclesiastical Sepulture in the New Code of Canon Law, II-129 pp., 1923.
19. MICHALICKA, REV. WENCESLAS CYRILL, O.S.B., J.C.D., Judical Procedure in Dismissall of Clerical Exempt Religious, 107 pp., 1923.
20. DARGIN, REV. EDWARD VINCENT, S.T.B., J.C.D., Reserved Cases According to the Code of Canon Law, IV-103 pp., 1924.
21. GODFREY, REV. JOHN A., S.T.B., J.C.DD., The Right of Patronage According to the Code of Canon Law, 153 pp., 1924.
22. HAGEDORN, REV. FRANCIS EDWARD, J.C.D., General Legislation on Indugences, II-154 pp., 1924.

---

* From nn. 1-100 only n. 25 is still obtainable. From n. 101 onward all numbers are available except the following: 101-114, also 116, 118, 120 and 122.

23. KING, REV. JAMES IGNATIUS, J.D.D., The Administration of the Sacraments to Dying Non-Catholics, V-141 pp., 1924.
24. WINSLOW, REV. FRANCIS JOSEPH, M.M., J.C.D., Vicars and PrefectsApostolic, IV-149 pp., 1924.
25. CORREA, REV. JOSE SERVELION, S.T.L., J.C.D., La Potestad Legislativa de la Iglesia Catholica, IV-127 pp., 1925.
26. DUGAN, REV. HENRY FRANCIS, A.M., J.C.D., The Judiciary Department of the Diocesan Curia, 87 pp., 1925.
27. KELLER, REV. CHARLES FREDERICK, S.T.B., J.C.D., Mass Stipends, 167, pp., 1925.
28. PASCHANG, REV. JOHN LINUS, J.C.D., The Sacramentals According to the Code of Canon Law, 129 pp., 1925.
29. PIONTEK, REV. CYRILLUS, O.F.M., S.T.B., J.C.D., De Indulto Exclaustrationis necnon Saecularizationis, XIII-289 pp., 1925.
30. KEARNEY, REV. RICHARD JOSEPH, S.T.B., J.C.D., Sponsors at Baptism According to the Code of Canon Law, IV-127 pp., 1925.
31. BARTLETT, REV. CHESTER JOSEPH, A.M., LL.B., J.C.D., The Tenure of Parochial Property in the United States of America, V-108 pp. 1926.
32. KILKER, REV. ADRIAN JEROME, J.C.D., Extreme Unction, V-425 pp., 1926.
33. MCCORMICK, REV. ROBERT EMMETT, J.C.D., Confessors of Religious, VIII-266 pp., 1926.
34. MILLER, REV. NEWTON THOMAS, J.C.D., Founded Masses According to the Code of Canon Law, VII-93 pp., 1926.
35. ROELKER, REV. EDWARD G., S.T.D., J.C.D., Principles of Privilege According to the Code of Canon Law, XI-166 pp., 1926.
36. BAKALARCZYK, REV. RICHADUS, M.C.C., J.U.D., De Novitiatu,
37. PIZZUTI, REV. LAWRENCE, O.F.M., J.U.L., De Parochis Religiosis, 1927 (Not Printed).
38. BLILEY, REV. NICHOAS MARTIN, O.S.B., J.C.D., Altars According to the Code of Canon Law, XIX-132 pp., 1927.
39. BROWN, MR. BRENDAN FRANCIS, A.B., LL.M., J.U.D., The Canonical Juristic Personalyty with Special Reference to its Status in the United States of America, V-212 pp., 1927.
40. CAVANAUGH, REV. WILLIAM THOMAS, C.P., J.U.D., The Reservation of the Blessed Sacrament, VIII-101 pp., 1927.
41. DOHENY, REV. WILLIAM J., C.S.C., A.B., J.U.D., Church Property: Modes of Acquisition, X-118 pp., 1927.
42. FELDHAUS, REV. ALOYSIUS H., C.PP.S., J.C.D., Oratoiries, IX-141 pp., 1937.
43. KELLY, REV. JAMES PATRICK, A.B., J.C.D., The Jurisdiction of the Simple Confessor, X-208 pp., 1927.
44. NEUBERGER, REV. NICHOLAS J., J.C.D., Canon 6 or the Relation of the Code Juris Canonici to the Preceding Legislation, V-95 pp., 1927.
45. O'KEEFE, REV. GERALD MICHAEL, J.C.D., Matrimonial Dispensations, Powers of Bishops, Priests, and Confessors, VIII-232 pp., 1927.
46. QUIGLEY, REV. JOSEPH, A.M., A.B., J.C.D., Condemned Societies, 139, pp., 1927.
47. ZAPLOTNIK, REV. JOHANNES LEO, J.C.D., De Vicariis Foraneis, X-142 pp., 1927.
48. DUSKIE, REV. JOHN ALOYSIUS, A.B., J.C.D., The Canonical Status of the Orientals in the United States, VIII-196 pp., 1928.

49. Hyland, Rev. Francis Edward, J.C.D., Excommunication, Its Nature, Historical Development and Efffects, VII-181 pp. 1928.
50. Reinmann, Rev. Gerald Joseph, O.M.C., J.C.D., The Third Order Secular of Saint Francis, 201 pp., 1928.
51. Schenk, Rev. Francis J., J.C.D., The Matrimonial Impediments of Mixed Religion and Disparity of Cult, XVI-318 pp., 1929.
52. Coady, Rev. John Joseph, S.T.D., J.U.D., A.M., The Appointment of Pastors, VIII-150 pp., 1929.
53. Kay, Rev. Thomas Henry, J.C.D., Competence in Matrimonial Procedure, VIII-164 pp., 1929.
54. Turner, Rev. Sidney Joseph, C.P., J.U.D., The Vow of Poverty, XLIX-217 pp., 1929.
55. Kearney, Rev. Raymond R., A.B., S.T.D., J.C.D., The Principles of Delegation, VII-149 pp., 1929.
56. Conran, Rev. Edward James, A.B., J.C.D., The Interdict, V-163 pp., 1930.
57. O'Neill, Rev. William H., J.C.D., Papal Rescripts of Favor, VII-218 pp., 1930.
58. Bastnagel, Rev. Clement Vincent, J.U.D., The Appointment of Parochial Adjutants and Assistants, XV-257 pp., 1930.
59. Ferry, Rev. John Michael, A.B., J.C.D., Domicile and Quasi-Domicile, VII-201 pp., 1930.
60. Costello, Rev. John Michael, A.B., J.C.D., Domicile and Quasi-Domicile, VII-201, pp., 1930.
61. Kremer, Rev. Michael Nicholas, A.B., S.T.B., J.C.D., Church Support in the United States, VI-136 pp., 1930.
62. Angulo, Rev. Luis, C.M., J.C.D., Legislation de la Iglesia sobre la intencion en la application de la Santa Misa, VII-104 pp., 1931.
63. Frey, Rev. Wolfgang Norbert, O.S.B., A.B., J.C.D., The Act of Religious Profession, VIII-174 pp., 1931.
64. Roberts, Rev. James Brendan, A.B., H.C.D., The Banns of Marriage, XIV-140 pp., 1931.
65. Ryder, Rev. Raymond Aloysius, A.B., J.C.D., Simony, IX-151 pp., 1931.
66. Campagna, Rev. Angelo, Ph.D., J.U.D., Il Vicario Generale del Vescovo, VII-205 pp., 1931.
67. Cox, Rev. Joseph Godfrey, A.B., J.C.D., The Administration of Seminaries, VI-124 pp., 1931.
68. Gregory, Rev. Donald J., J.U.D., The Pauline Privilege, XV-165 pp., 1931.
69. Donohue, Rev. John F., J.C.D., The Impediment of Crime, VII-110 pp., 1931.
70. Dooley, Rev. Eugene A., O.M.I., J.C.D., Church Law on Sacred Relics, IX-143 pp., 1931.
71. Orth, Rev. Clement Raymond, O.M.C., J.C.D., The Approbation of Religious Institutes, 171 pp., 1931.
72. Pernicione, Rev. Joseph M., A.B., J.C.D., The Ecclesiastical Prohibition of Books, XII-267 pp., 1932.
73. Clinton, Rev. Connell, A.B., J.C.D., The Paschal Precept, IX-108 pp., 1932.
74. Donnelly, Rev. Francis B., A.M., S.T.L., J.C.D., The Diocesan Synod, VII-125 pp., 1932.
75. Torrente, Rev. Camilo, C.M.F., J.C.D., Las Procesiones Sagradas, V-145, pp., 1932.
76. Murphy, Rev. Edwin J., C.PP.S., J.C.D., Suspension Ex Informata Conscientia, XI-122 pp., 1932.

77. MacKenzie, Rev. Eric F., A.M., S.T.L., J.C.D., The Delict of Heresy in its Commission, Penalization, Absolution, VII-124 pp., 1932.
78. Lyons, Rev. Avitus E., S.T.B., J.C.D., The Collegiate Tribunal of First Instance, XI-147 pp., 1932.
79. Connolly, Rev. Thomas A., J.C.D., Appeals, XI-195 pp., 1932.
80. Sangmeister, Rev. Joseph C., A.B., J.C.D., Force and Fear as Precluding Matrimonial Consent, V-211 pp., 1932.
81. Jaeger, Rev. Leo A., A.P., J.C.D., The Administration of Vacant and Quasi-Vacant Episcopal Sees in the United States, IX-229 pp., 1932.
82. Rimlinger, Rev. Herbert T., J.C.D., Error Invalidating Matrimonial Consent, VII-79 pp., 1932.
83. Barret, Rev. John D. M., S.S., J.C.D., A Comparative Study of the Councils of Baltimore and the Code of Canôn Law, X-223 pp., 1932.
84. Carberry, Rev. John J., Ph.D., S.T.D., J.C.D., The Juridical Form of Marriage, X-177 pp., 1934.
85. Dolan, Rev. John L., A.B., J.C.D., The Defensor Vinculi, XII-157, pp., 1934.
86. Hannan, Rev. Jerome, D. A.M., S.T.D., LL.B., J.C.D., The Canon Law of Wills, IX-517 pp., 1934.
87. Lemieux, Rev. Delise A., A.M., J.C.D., The Sentence in Ecclesiastical Procedure, IX-131 pp., 1934.
88. O'Rourke, Rev. James J., A.B., J.C.D., Parish Registers, VII-109 pp., 1934.
89. Timlin, Rev. Bartholomew, O.F.M., A.M., J.C.D., Conditional Matrimonial Consent, X-381 pp., 1934.
90. Wahl, Rev. Francis X., A.B., J.C.D., The Matrimonial Impediments of Consanguinity and Affinity, VI-125 pp., 1934.
91. White, Rev. Robert J., A.B., LL.B., S.T.B., J.C.D., Canonical Ante-Nuptial Promises and the Civil Law, VI-152 pp., 1934.
92. Herrera, Rev. Antonio Parra, O.C.D., J.C.D., Legislacion Ecclesiastica sobra el Ayuno y la Abstinencia, XI-191 pp., 1935.
93. Kennedy, Rev. Edwin J., J.C.D., The Special Matrimonial Process in Cases of Evident Nullity, X-165 pp., 1935.
94. Manning, Rev. John J., A.B., J.C.D., Presumption of Law in Matrimonial Procedure, XI-111 pp., 1935.
95. Moeder, Rev. John M., J.C.D., The Proper Bishop for Ordinatition and Dimissorial Letters, VII-135 pp., 1935.
96. O'Mara, Rev. William A., A.B., J.C.D., Canonical Causes for Matrimonial Dispensations, IX-155 pp., 1935.
97. Reilly, Rev. Peter, J.C.D., Residence of Pastors, IX-81 pp., 1935
98. Smith, Rev. Mariner T., O.P., S.T.Lr., J.C.D., The Penal Law for Religious, VIII-169 pp., 1935.
99. Whalen, Rev. Donald W., A.M., J.C.D., The Value of Testimonial Evidence in Matrimonial Procedure, XIII-297 pp., 1935.
100. Cleary, Rev. Joseph F., J.C.D., Canonical Limitations, on the Alienation of Church Property, VIII-141 pp., 1936.
101. Glynn, Rev. John C., J.C.D., The Promoter of Justice, XX-337 pp., 1936.
102. Brennan, Rev. James H., SS., M.A., S.T.B., J.C.D., The Simple Convalidation of Marriage, VI-135 pp., 1937.
103. Brunini, Rev. Joseph Bernard, J.C.D., The Clecical Obligations of Canons 139 and 142, X-121 pp., 1937.

104. CONNOR, REV. MAURICE, A.B., J.C.D., The Administrative Removal of Pastors, VIII-159 pp., 1937.
105. GUILFOYLE, REV. MERLIN JOSEPH, J.C.D., Custom, XI-144 pp., 1937.
106. HUGHES, REV. JAMES AUSTIN, A.B., A.M., J.C.D., Witnesses in Criminal Trials of Clerics, IX-140 pp., 1937.
107. JANSEN, REV. RAYMOND J., A.B., S.T.L., J.C.D., Canonical Provisions for Catechetical Instruction, VII-153 pp., 1937.
108. KEALY, REV. JOHN JAMES, A.B., J.C.D., The Introductory Libellus in Church Court Procedure, XI-121 pp., 1937.
109. MCMANUS, REV. JAMES EDWARD, C.SS.R., J.C.D., The Administration of Temporal Goods in Religious Institutes, XVI-196 pp., 1937.
110. MORIARITY, REV. EUGENE JAMES, J.C.D., Oaths in Ecclesiastical Courts, X-115 pp., 1937.
111. RAINER, REV. ELIGIUS GEORGE, C.SS.R., J.C.D., Suspension of Clerics, XVII-249 pp., 1937.
112. REILLY, REV. THOMAS R., C.SS.R., J.C.D., Visitation of Religious, VI-195 pp. 1938.
113. MORIARTY, REV. FRANCIS E., C.SS.R., J.C.D., The Extraordinary Absolution from Censures, XV-334 pp., 1938.
114. CONNOLLY, REV. NICHOLAS P., J.C.D., The Canonical Erection of Parishes, X-132 pp., 1932.
115. DONOVAN, REV. JAMES JOSEPH, J.C.D., The Pastor's Obligation in Prenuptial Investigation, XII-332 pp., 1938.
116. HARRIGAN, REV. ROBERT J., M.A., S.T.B., J.C.D., The Radical Sanation of Invalid Marriages, VIII-208 pp., 1938.
117. BOFFA, REV. CONRAD HUMBERT, J.C.D., Canonical Provisions for Catholic Schools, VII-211 pp., 1939.
118. PARSONS, REV. ANSCAR JOHN, O.M.Cap., J.C.D., Canonical Elections, XII-236 pp., 1939.
119. REILLY, REV. EDWARD MICHAEL, A.B., J.C.D., The General Norms of Dispensation, XII-156 pp., 1939.
120. RYAN, REV. GERALD ALOYSIUS, A.B., J.C.D., Principes of Episcopal Jurisdiction, XII-172 pp., 1939.
121. BURTON, REV. FRANCIS JAMES, C.S.C., A.B., J.C.D., A Commentary on Canon 1125, X-222 pp., 1940.
122. MIASKIEWICZ, REV. FRANCIS SIGISMUND, J.C.D., Supplied Jurisdiction According to Canon 209, XII-340 pp., 1940.
123. RICE, REV. PATRICK WILLIAM, A.B., J.C.D., Proof of Death in Prenuptial Investigation VII-156 pp. 1940.
124. ANGLIN, REV. THOMAS FRANCIS, M.S., J.C.D., The Eucharistic Fast, VIII-183 pp., 1941.
125. COLEMAN, REV. JOHN JEROME, J.C.D., The Minister of Confirmation, VI-153 pp., 1941.
126. DOWNS, REV. JOHN EMMANUEL, A.B., J.C.D., The Concept of Clerical Immunity, XI-163 pp., 1941.
127. ESSWEIN, REV. ANTHONY ALBERT, J.C.D., Extrajudicial Penal Powers of Ecclesiastical Superiors, X-144 pp., 1941.
128. FARRELL, REV. BENJAMIN FRANCIS, M.A., S.T.L., J.C.D., The Rights and Duties of the Local Ordinary Regarding Congregations of Women Religious of Pontifical Approval, V-195 pp., 1941.
129. FEENEY, REV. THOMAS JOHN, A.B., S.T.L., J.C.D., Restitutio in Integrum, VI-169 pp., 1941.

130. Findlay, Rev. Stephen William, O.S.B., A.B., J.C.D., Canonical Norms Governing the Deposition and Degradation of Clerics, XVII-279 pp., 1941.
131. Goodwine, Rev. John, A.B., S.T.L., J.C.D., The Right of the Church to Acquire Property, VIII-119 pp., 1941.
132. Heston, Rev. Edward Louis, C.S.C., Ph. D., S.T.D., J.C.D., The Alianation of Church Property in the United States, XII-222 pp., 1941.
133. Hogan, Rev. James John, A.B., S.T.L., J.C.D., Judical Advocates and Procurators, XIII-200 pp., 1941.
134. Kealy, Rev. Thomas M., A.B., Litt.B., J.C.D. Dowry of Women Religious, IX-152 pp., 1941.
135. Keene, Rev. Michael James, O.S.B., J.C.D., Religious Ordinaries, and Canon 198, V-164 pp., 1942.
136. Kerin, Rev. Charles A., SS., M.A., S.T.B., J.C.D., The Privation of Christian Burial, XVI-279, pp., 1941.
137. Louis, Rev. William Francis, M.A., J.C.D., Diocesan Archives, X-101 pp., 1941.
138. McDevitt, Rev. Gilbert Joseph, A.B., J.C.D., Legitimacy and Legitimation, X-247 pp., 1941.
139. McDonough, Rev. Rohmas Joseph, A.B., J.C.D., Apostolic Administration, X-217 pp., 1941.
140. Meier, Rev. Carl Antohony, A.B., J.C.D., Penal Administrative Procedure Against Negligent Pastors, XI-240 pp., 1941.
141. Schmidt, Rev. John Rogg, A.B., J.C.D., The Principles of Authentic Interpretation in Canon 17 of the Code of Canon Law, XII-331 pp., 1941.
142. Slafkosky, Rev. Andrew Leonard, A.B., J.C.D., The Canonical Episcopal Visitations of the Diocese, X-197 pp., 1941.
143. Swoboda, Rev. Innocent Robert, O.F.M., J.C.D., Ignorance in Relation to the Imputability of Delicts, IX-271 pp., 1941.
144. Dubé, Rev. Arthur Joseph, A.B., J.C.D., The General Principles for the Reckoning of Time in Canon Law, VIII-299 pp., 1941.
145. McBride, Rev. James T., A.B., J.C.D., Incardination and Excardination of Seculars, XX-585 pp., 1941.
146. Krôl, Rev. John T., J.C.D., The Defendant in Ecclesiastical Trials, XII-207 pp., 1942.
147. Comyns, Rev. Joseph J., C.SS.R., A.B., J.C.D., Papal and Episcopal Administration of Church Property, XIV-155 pp., 1942.
148. Barry, Rev. Garrett Francis, O.M.I., J.C.D., Violation of the Cloister, XII-260 pp., 1942.
149. Bolduc, Rev. Gatien, C.S.V., A.B., S.T.L., J.C.D., Les Etudes dans les Religions Cléricales, VIII-155 pp., 1942.
150. Boyle, Rev. David John, M.A., J.C.D., The Juridic Effects of Moral Certitude on Pre-Nuptial Guarantees, XII-188 pp., 1942.
151. Canavan, Rev. Walter Joseph, M.A., Litt.D., J.C.D., The Profession of Faith, XII-143 pp., 1942.
152. Desrochers, Rev. Bruno, A.B., Ph.L., S.T.B., J.C.D., Le Premier Concile Plénier de Québec et le Code de Droit Canonique, XIV-186 pp., 1942.
153. Dillon, Rev. Robert Edward, A.B., J.C.D., Common Law Marriage, X-148 pp., 1942.
154. Dodwell, Rev. Edward John, Ph.D., S.T.B., J.C.D., The Time and and Place for the Celebration of Marriage, X-156 pp. 1942.
155. Donnellan, Rev. Thomas Andrew, A.B., J.C.D., The Obligation of the Missa pro Populo, VII-131 pp., 1942.

156. ELTZ, REV. LOUIS ANTHONY, A.B., J.C.D., Cooperation in Crime, XII-208 pp., 1942.
157. GASS, REV. SYLVESTER FRANCIS, M.A., J.C.D., Ecclesiastical Pensions, XI-1206 pp., 1942.
158. GUINIVEN, REV. JOHN JOSEPH, C.SS.R., J.C.D., The Prospect of Hearing Mass, XIV-188 pp., 1942.
159. GULCYNSKI, REV. JOHN THEOPHILUS, J.C.D., The Desecration and Violation of Churches, X-126 pp., 1942.
160. HAMMILL, REV. JOHN LEO, M.A., J.C.D., The Obligations of the Traveler According to Canon 14, VIII-204 pp., 1942.
161. HAYDT, REV. JOHN JOSEPH, A.B., J.C.D., Reserved Benefices, XI-148 pp., 1942.
162. HUSER, REV. ROGER JOHN, O.F.M., A.B., J.C.D., The Crime of Abortion in Canon Law, XII-187 pp., 1942.
163. KEARNEY, REV. FRANCIS PATRICK, A.B., S.T.L., J.C.D., The Principles of Canon 1127, X-162 pp., 1942.
164. LINAHEN, REV. LEO JAMES, S.T.L., J.C.D., De Absolutione Complicis In Peccato Turpi, 114 pp., 1942.
165. McCLOSKEY, REV. JOSEPH ALOYSIUS, A.B., J.C.D., The Subject of Ecclesiastical Law According to Canon 12, XVII-246 pp., 1942.
166. O'NEILL, REV. FRANCIS JOSEPH, C.SS.R., J.C.D., The Dismissal of Religious in Temporary Vows, XIII-220 pp., 1942.
167. PRINCE, REV. JOHN EDWARD, A.B., S.T.B., J.C.D., The Diocesan Chancellor, X-136 pp., 1942.
168. RIESNER, REV. ALBERT JOSEPH, C.SS.R., J.C.D., Apostates and Fugitives from Religious Institutes, IX-168 pp., 1942.
169. STENGER, REV. JOSEPH BERNARD, J.C.D., The Mortgaging of Church Property, 186 pp., 1942.
170. WALDRON, REV. JOSEPH FRANCIS, A.B., J.C.D., The Minister of Baptism, XII-197 pp., 1942.
171. WILLETT, REV. ROBERT ALBERT, J.C.D., The Probative Value of Documents in Ecclesiastical Trials, X-124 pp., 1942.
172. WOEBER, REV. EDWARD MARTIN, M.A., J.C.D., The Interpellations, XII-161 pp., 1942.
173. BENKO, REV. MATTHEW ALOYSIUS, O.S.B., M.A., J.C.D., The Abbot Nullius, XVI-148, pp., 1943.
174. CHRIST, REV. JOSEPH JAMES, M.A., S.T.L., J.C.D., Dispensation from Vindicative Penalties, XIII-285 pp., 1943.
175. CLANCY, REV. PATRICK, M.J., O.P., A.B., S.T.Lr., J.C.D., The Local Religious Superior, X-229 pp., 1943.
176. CLARKE, REV. THOMAS JAMES, J.C.D., Parish Societies, XII-147 pp., 1943.
177. CONNOLLY, REV. JOHN PATRICK, S.T.L., J.C.D., Synodal Exminers, and Parish Priest Consultors, X-223 pp., 1943.
178. DRUMM, REV. WILLIAM MARTIN, A.B., J.C.D., Hospital Chaplains, XII-175 pp., 1943.
179. FLANAGAN, REV. BERNARD JOSEPH, A.B., S.T.L., J.C.D., The Canonical Erection of Religious Houses, X-147 pp., 1943.
180. KELLEHER, REV. STEPHEN JOSEPH, A.B., S.T.B., J.C.D., Discussions with Non-Catholics: Canonical Legislation, X-93 pp., 1943.
181. LEWIS REV. GORDIAN, C.P., J.C.D., Chapters in Religious Institutes, XII-169 pp., 1943.
182. MARX, REV. ADOLPH, J.C.D., The Decleration of Nullity of Marriages Contracted Outside the Church, X-151 pp., 1943.
183. MATULENAS, REV. RAYMOND ANTHONY, O.S.B., A.B., J.C.D., Communication, a Source of Privileges, XII-225 pp., 1943.

184. O'LEARY, REV. CHARLES GERARD, C.SS.R., J.C.D., Religious Dismissed After Perpetual Profession, X-213 pp., 1943.
185. POWER, REV. CORNELIUS MICHAEL, J.C.D., The Blessing of Cemeteries, XII-231 pp., 1943.
186. SHUHLER, REV. RALPH VINCENT, O.S.A., J.C.D., Privileges of Religious to Absolve and Dispense, XII-195 pp., 1943.
187. ZIOLKOSKI, REV. THADDEUS STANISLAUS, A.B., J.C.D., The Consecration and Blessing of Churches, XII-151 pp., 1943.
188. HENEGHAN, REV. JOHN JOSEPH, S.T.D., J.C.D., The Marriages of Unworthy Catholics: Canons 1065 and 1066, XVI-213 pp., 1944.
189. CARROLL, REV. COLEMAN FRANCIS, M.A., S.T.L., J.C.L., Charitable Institutions.
190. CIESLUK, REV. JOSEPH EDWARD, Ph.B., S.T.L.,, J.C.D., National Parishes in the United States, VI-178 pp., 1944.
191. COBURN, REV. VINCENT PAUL, A.B., J.C.D., Marriages of Conscience, XII-172 pp., 1944.
192. CONNORS, REV. CHARLES PAUL, C.S.Sp., A.B., J.C.D., Extra-Judicial Procurators in the Code of Canon Law X-94 pp., 1944.
193. COYLE, REV. PAUL RAYMOND, A.B., J.C.D., Judical Exceptions, IX-142 pp., 1944.
194. FAIR, REV. BARTHOLOMEW FRANCIS, A.B., S.T.L., J.C.D., The Impediment of Abduction, XII-122 pp., 1944.
195. GALLAGHER, REV. THOMAS RAPHAEL, O.P., A.B., S.T.Lr., J.C.D., The Examination of the Qualities of the Ordinand, X-166 pp., 1944.
196. GANNON REV. JOHN MARK, S.T.L., J.C.D., The Interstices Required for the Promotion to Orders, VII-100 pp., 1944.
197. GOLDSMITH, REV. J. WILLIAM, B.C.S., S.T.L., J.C.D., The Competence of Church and State Over Marriage — Disputed Points, X-128 pp., 1944.
198. GOODWINE, REV. JOSEPH GERARD, A.B., S.T.B., J.C.D., The Reception of Converts, XIV-326 pp., 1944.
199. KOWALSKI, REV. ROMUALD EUGENE, O.F.M., A.B., J.C.D., Sustenance of Religious Houses of Regulars, X-174 pp., 1944.
200. McCOY, REV. ALAN EDWARD, O.F.M., J.C.D., Force and Fear in Relation to Delictual Imputability and Penal Responsibility, XII-160 pp., 1944.
201. McDEVITT, REV. VINCENT JOHN, Ph.B., S.T.L., J.C.L., Perjury.
202. MARTIN, REV. THOMAS OWEN, Ph.D., S.T.D., J.C.D., Adverse Possession, Prescription and Limitation of Actions: The Canonical "Praescriptio", XX-208 pp., 1944.
203. BIKLOSOVIC, REV. PAUL JOHN, A.B., J.C.L., Attempted Marriages and Their Consequent Juridic Effects.
204. MUNDY, REV. THOMAS MAURICE, A.B., S.T.L., J.C.D., The Union of Parishes, X-164 pp., 1944.
205. O'DEA, REV. JOHN COYLE, A.B., J.C.D., The Matrimonial Impediment of Nonage, VIII-126 pp., 1944.
206. OLALIA, REV. ALEXANDER AYSON, S.T.L., J.C.D., A Comparative Study of the Christian Constitution of States and the Constitution of the Philippine Commonwealth, XII-136 pp., 1944.
207. POISSON, REV. PIERRE-MARIE, C.S.C., A.B., Ph.L., Th.L., J.C.L. Droits Patrimoniaux des Maisons et des Eglises Religieuses.
208. STADALNIKAS, REV. CASIMIR JOSEPH, M.I.C., J.C.D., Reservation of Censures, X-141 pp., 1944.
236. LINENBERGER, REV. HERBERT, C.PP.S., J.C.L., The False Denunciation of an Innocent Confessor.

237. LOWRY, REV. JAMES MARTIN, A.B., J.C.D., Dispensation from Private Vows, XII-226 pp., 1946.
238. LYNCH, REV. GEORGE EDWARD, A.B., S.T.L., J.C.D., Coadjutors and Auxiliaries of Bishops, X-107 pp., 1947.
239. LYNCH, REV. TIMOTHY, M.S.SS.T., J.C.D., Contracts between Bishops and Religious Congregations, XIV-232 pp., 1946.
240. MCCLUNN, REV. JUSTIN DAVID, A.B., S.T.L., J.C.D., Administrative Recourse, VII-142 pp., 1946.
241. LOHMULLER, REV. MARTIN NICHOLAS, A.B., J.C.D., The Promulgation of Law, XII-140 pp., 1947.
242. MCGRATH, REV. JAMES, A.B., J.C.D., The Phivilege of the Canon. XII-156 pp., 1946.
243. MARBACH, REV. JOSEPH FRANCIS, A.B., J.C.D., Marriage Legislation for the Catholics of the Oriental Rites in the United States and Canada, XIV-314 pp., 1946.
244. SHIMKUS, REV. BERNARD ALOYSIUS, A.B., J.C.L., The Determination and Transfer of Rite.
245. SMITH, REV. VINCENT MICHAEL, A.B., S.T.L., J.C.L., Ignorance Affecting Matrimonial Consent.
246. WACHTRLE, REV. PAUL ANTHONY, A.B., J.C.L., The Baptism of the Children of Non-Catholics.
247. CROTTY, REV. MATTHEW MICHAEL, J.C.L., The Recepient of Fist Holy Communion.
248. EAGLETON, REV. GEORGE, J.C.L.,, The Quinquennial Faculties: Formula IV.
249. GIBBONS, REV. MARION LEO, C.M., J.C.L., Domicile of the Wife Unlawfully Seperated from her Husband.
250. KELLY, REV. BERNARD MATTHEW, J.C.L., The Functions Reserved to Pastors.
251. KILCULLEN, REV. JOHN THOMAS, J.C.L., The Collegiate Moral Person as Party Litigant.
252. LAFONTAINE, REV. GERMAIN, W.F., J.C.L., Relations Canoniques entre le Missionnaire et ses Supérieurs.
253. LANE, REV. LORAS THOMAS, J.C.L., Matrimonial Procedure in Ordinary Court of Second Instance.
254. LOVER, REV. JAMES FRANCIS, C.SS.R., J.C.L., The Master of Novices.
255. MCNICHOLAS, REV. TIMOTHY JOSEPH, J.C.L., *The Septimae Manus* Witness.
256. MAROSITZ, REV. JOSEPH JOHN, M.S.C., J.C.L., Obligations and Privileges of Religious Promoted to the Episcopal or the Cardinalitial Dignities.
257. MURPHY, REV. FRANCIS JOSEPH, J.C.L., Legislative Powers of the
258. O'BRIEN, REV. ROMAEUS WILLIAM, O. Carm., M.A., J.C.L., The Provincial Superior in Religious Orders of Men.
259. PFALLER, REV. BENEDICT A., O.S.B., J.C.L., The *ipso facto* effected Dismissal of Religious.
260. POPEK, REV. ALPHONSE SYLVESTER, J.C.L., The Rights and Obligations of Metropolitans.
261. RISTUCCIA, REV. BERNARD JOSEPH, C.M., J.C.M., Quasi-Religious-
262. SONNTAG, REV. NATHANIEL LOUIS, O.F.M.Cap., J.C.L., Censorship of Special Classes of Books.
263. STADLER, REV. JOSEPH NICHOLAS, J.C.L., Frequent Holy Communion.
264. SZAL, REV. IGNATIUS JOSEPH, J.C.L., The Communication of Catholics with Schismatics.
265. WAGNER, REV. URBAN, O.F.M., Conv., J.C.L., Parochial Substitute Vicars and Supplying Priests.

209. SULLIVAN, REV. EUGENE HENRY, S.T.L., J.C.D., Proof of the Reception of the Sacraments, X-165 pp., 1944.
210. VAUGHAN, REV. WILLIAM EDWARD, J.C.D., Constitution for. Diocesan Courts, X-210 pp., 1944.
211. PARO, REV. RALPH FRANCIS, C.P., J.C.D., The Computation of Time in a Canonical Novitiate, X-227 pp., 1945.
212. BALZER, REV. RALPH FRANCIS, C.P., J.C.D., The Computation of Time in a Canonical Novitiate, X-227 pp., 1945.
213. DOUGHERTY, REV. JOHN WHELAN, A.B., S.T.L., J.C.D., De Inquisitione Speciali, XII-195 pp., 1945.
214. DZIOB, REV. MIHCAEL WALTER, J.C.D., The Sacred Congregation for the Oriental Church, XII-181 pp., 1945.
215. EIDENSCHINK, REV. JOHN ALBERT, O.S.B., B.A., J.C.D., The Election of Bishops in the Letters of Pope Gregory the Great, VII-200 pp., 1945.
216. GILL, REV. NICHOLAS, C.P., J.C.D.,, The Spiritual Prefect in Clerical Religious Houses of Study, X-140 pp., 1945.
217. HYNES, REV. HARRY GERARD, S.T.L., J.C.D., The Privileges of Cardinals, XII-183 pp., 1945.
218. MCDEVITT, REV. GERALD VINCENT, S.T.L., J.C.D., The Renunciation of an Ecclesiastical Office, XIV-179 pp., 1945.
219. MANNING, REV. JOSEPH LEROY, J.C.D., The Free Conferral of Offices, VII-116 pp., 1945.
220. MEYER, REV. LOUIS G., O.S.B., A.B., S.T.B., J.C.D., Alms-gathering by Religious, XII-163 pp., 1945.
221. O'DONNELL, REV. CLETUS FRANCIS, M.A., J.C.D., The Marriage of Minors, XIII-268 pp., 1945.
222. PRUNSKIS, REV. JOSEPH, J.C.D., Comparative Law, Ecclesiastical and Civil, in Lithuanian Concordat, X-161 pp., 1945.
223. SWEENEY, REV. FRANCIS PATRICK, C.SS.R., J.C.D., The Reduction of Clerics to the Lay State, X-199 pp., 1945.
224. VOGELPOHL, REV. HENRY JOHN, J.C.D., The Simple Impediments to Holy Orders, XVI-190 pp., 1945.
225. BROCKHAUS, REV. THOMAS AQUINAS, O.S.B., J.C.D., Religious who are known as Conversi, X-127 pp., 1945.
226. GRIESE, REV. N. ORVILLE, S.T.D., J.C.D., The Marriage Contract and the Procreation of Offspring, XVI-224 pp., 1946.
227. BOUDREAUX, REV. WARREN LOUIS, J.C.D., The "ab acatholicis nati" of Canon 1099, § 2, XII-110 pp., 1946.
228. BOWE, REV. THOMAS JOSEPH, A.B., J.C.D., Religious Superioresses, VII-206 pp., 1946.
229. DIEDERICHS, REV. MICHAEL FERDINAND, S.C.J., J.C.D., The Jurisdiction of the Latin Ordinaries over their Oriental Subjects, XIV-153 pp., 1946.
230. DINGMAN, REV. MAURICE JOHN, A.B., S.T.L., J.C.L., The Plaintiff in Contentious Trials.
231. FRISON, REV. BASIL, C.M.F., M.Mus., J.C.D., The Retroactivity of Law, X-221 pp., 1946.
232. GALVIN, REV. WILLIAM ANTHONY, M.A., J.C.D., The Administrative Transfer of Pastors, XII-288 pp., 1946.
233. GORACY, REV. JOSEPH C., J.C.L., The Diriment Matrimonial Impediment of Major Orders.
234. HALE, REV. JOSEPH FRANCIS, M.A., S.T.L., J.C.L., The Pastor of Burial.
235. HENRY, REV. JOSEPH ARTHUR, A.B., J.C.D., The Mass and Holy Communion: Inter-Ritual Law, XII-138 pp., 1946.

www.ingramcontent.com/pod-product-compliance
Lightning Source LLC
LaVergne TN
LVHW050204080826
844660LV00012B/350

* 9 7 8 0 8 1 3 2 2 4 3 0 5 *